LE MONDE DU

DALAÏ-LAMA

Puissent tous les êtres connaître le bonheur et les causes du bonheur.

Puissent-ils tous être libérés de la souffrance et des causes de la souffrance.

Puissent tous les êtres ne jamais être séparés de la joie qui ne connaît pas la douleur.

Puissent tous les êtres demeurer dans l'équanimité, libres de l'attachement
qui rapproche des uns et de l'aversion qui éloigne des autres.

LE MONDE DU

DALAÏ-LAMA

Sa vie, son peuple,
et le bouddhisme tibétain

~

Gill Farrer-Halls

Le Pré aux Clercs

Traduit de l'anglais par
Lise Manet

Titre original
The World of the Dalai Lama

ISBN : 2-84228-059-8
N° d'Éditeur : 58

Photocomposition : Nord Compo, Villeneuve-d'Ascq
Imprimé à Hong Kong

Remerciements de l'auteur
J'aimerais remercier Martine Batchelor et Carole Tonkinson qui m'ont suggéré d'écrire ce livre, Debbie Thorpe, ma directrice littéraire aux éditions Godsfield Press, Brenda Rosen, directrice littéraire aux éditions Quest Books, Peter Bridgewater et Caroline Earle, de la Bridgewater Books Company. J'aimerais également remercier Robbie Barnett, du Réseau d'informations tibétaines, et Robyn Brentano pour leur aide et leurs informations. Je remercie aussi, et tout particulièrement, Stephen Batchelor pour ses conseils et ses encouragements tout au long de la rédaction de ce livre, et Jane Moore pour sa compétence, son amitié et son soutien.

Frontispice : moines et laïcs venus accueillir le dalaï-lama, à l'occasion de l'initiation de Kalachakra, à Spiti, nord de l'Inde, en 1996.
Page de titre : le dalaï-lama méditant, chez lui, à Dharamsala.
Page 5 : pierre mani, au village de Dat, Rupshu, Zanskar.

SOMMAIRE

Introduction

À la réflexion je me dis que ce livre aurait aussi bien pu s'appeler Les Mondes du dalaï-lama. *Car si le dalaï-lama vit aujourd'hui dans le monde moderne, son enfance s'est déroulée dans un Tibet quasiment médiéval, isolé du reste de la planète et imprégné de religion. Son mode de vie actuel, imposé par ses fonctions, représente une expérience unique, et il est l'un des rares êtres humains dont l'horizon englobe à ce point deux mondes à la fois.*

À droite : drapeaux de prières flottant au-dessus du monastère de Samye, Tibet.

Ci-dessous : le dalaï-lama méditant, chez lui, à Dharamsala.

On ne peut évoquer « l'ancien Tibet » sans susciter des visions et des idées bien particulières, dont certaines sont réalistes et d'autres viennent des nombreux mythes qui entourent ce royaume des montagnes. Parfois appelé Shangri-la, et dernier pays du monde à être touché par la modernité, le Tibet est situé sur les hauteurs himalayennes. Pendant longtemps, ses frontières ne furent accessibles qu'aux visiteurs les plus intrépides et les plus déterminés, prêts à franchir des cols d'un accès périlleux et à circonvenir la politique officielle concernant les visiteurs étrangers. Mais ceux qui se risquaient à entreprendre ce voyage hasardeux étaient récompensés par la découverte d'une très ancienne civilisation, à peine altérée par le passage des siècles.

Une multitude de monastères abritant nonnes ou moines – parfois par milliers pour ces derniers – faisaient de l'ancien Tibet un pays aux trois quarts monastique. Dans la plupart des familles, un enfant, au moins, entrait dans les ordres. Ce n'était pas véritablement une question de vocation, et on ne peut pas dire que les moines et les religieuses étaient tous des êtres intelligents et totalement absorbés par leurs études religieuses. Entrer dans les ordres revenait simplement à s'insérer dans un mode de vie traditionnel. Quant aux laïcs, ils vivaient soit dans les villes – peu nombreuses –, soit dans de multiples petits villages, ou bien menaient une vie d'éleveurs nomades. Le bouddhisme imprégnait également leur existence, et la plupart d'entre eux étaient extrêmement pieux.

Les Tibétains sont un peuple vigoureux, fait pour s'adapter à un climat qui peut être très rude. Dans l'ancien Tibet, les installations sanitaires étaient inexistantes, l'éducation uniquement monastique, et la médecine, bien que relativement élaborée et efficace, profitait peu aux gens ordinaires. Si les principes bouddhistes de paix et de non-violence étaient majoritairement appliqués, certains épisodes de l'histoire lointaine du Tibet révèlent néanmoins un pays sanguinaire, agité par des révoltes et des intrigues meurtrières.

Toutefois, au tournant du siècle, la plupart des habitants de ce territoire montagneux étaient satisfaits de vivre selon des traditions séculaires pratiquement inchangées, en harmonie avec eux-mêmes et leur environnement. Ainsi se présentait l'univers dans lequel naquit le quatorzième dalaï-lama et qui, depuis, a disparu à jamais.

À droite : une aristocrate tibétaine de Shigatse, en costume régional, à la fin du XIXᵉ siècle.

Ci-contre : vieil homme tibétain lisant des prières, imprimées, selon la tradition, à l'aide de blocs de bois gravés.

Aujourd'hui, le dalaï-lama vit à Dharamsala, dans le nord de l'Inde, sur les contreforts de l'Himalaya, entouré de la majorité des Tibétains en exil. Le son des trompes tibétaines annonçant les cérémonies bouddhistes se mêle à l'air des montagnes et les drapeaux de prières flottent dans le vent, comme ils le font depuis toujours au Tibet. Le long des rues principales se succèdent les petites boutiques où l'on trouve des costumes traditionnels tibétains, des objets de culte et des bijoux, mais aussi des livres, des posters et des drapeaux qui revendiquent un Tibet libre. Si Dharamsala, comme les autres villes indiennes voisines, semble misérable aux yeux des touristes occidentaux, on y sent néanmoins une certaine prospérité. Cependant, derrière les artères principales se cache un autre monde : celui des bidonvilles, des pauvres baraques aux toits de tôle où se sont retrouvés la plupart des Tibétains qui, après avoir tout laissé derrière eux et traversé les montagnes, ont fui leur pays pour aller vers la liberté.

La résidence du dalaï-lama, située près du temple principal, offre certes un aspect plus agréable, mais n'en demeure pas moins fort modeste pour un homme qui est un chef de gouvernement – en exil, certes, mais nullement fictif – et une figure internationale illustre. Sans cesse sollicité pour ses enseignements bouddhistes ou des conférences, le dalaï-lama délivre avec constance à travers le monde des messages de paix, d'amour et de compassion. Quand il est chez lui, on assiste à un constant défilé de visiteurs qu'il reçoit toujours avec la même chaleur teintée d'humour, qu'il s'agisse d'un dignitaire étranger ou d'un anonyme qui a souhaité le rencontrer quelques instants.

De plus en plus souvent, à l'occasion de ses déplacements, il parle de la tragédie de son peuple, soit en exil, soit au Tibet sous le joug chinois, et de sa crainte de voir disparaître à jamais une culture unique au monde. Cependant, à ce jour, aucune grande puissance n'a encore reconnu le gouvernement tibétain en exil.

En haut, à gauche : enfants nomades tibétains vêtus de chuba (manteaux en peau de mouton).

En bas, à gauche : une nomade et son enfant, dans l'Amdo (devenu province chinoise). La mère tient à la main une photo du dalaï-lama que lui ont donnée des étrangers ; les photos du dalaï-lama sont, la plupart du temps, interdites par les autorités chinoises.

En haut, à droite : un stupa au monastère de Drigung, à 100 kilomètres au nord-est de Lhassa, contenant des reliques de Jigten Gonpo, fondateur du monastère.

En bas, au centre : une jeune fille du Kham, portant de la soie rouge tressée dans ses cheveux, des turquoises et du corail.

En bas, à droite : une enfant tibétaine assise devant des drapeaux de prières, en montagne, sur un col.

L'attribution du prix Nobel de la paix en 1989 a permis une reconnaissance internationale des méthodes non-violentes préconisées par le dalaï-lama pour mettre fin à l'occupation du Tibet. Depuis, il poursuit ses tentatives de négociation avec le gouvernement chinois en dépit de l'absence d'encouragements de la part de Pékin, et reste en permanence ouvert au dialogue. Il lui arrive d'exprimer une tristesse qui frôle le désespoir lorsqu'il appelle à l'aide au nom de son peuple.

Toutefois, dès qu'il donne un enseignement bouddhique, le dalaï-lama retrouve manifestement sa joie d'offrir en partage la sagesse du bouddhisme et, souvent, ses interventions publiques, sources d'inspiration, se révèlent pleines d'humour.

Le dalaï-lama joue de multiples rôles. Chef spirituel et politique des Tibétains, il enseigne le bouddhisme, se fait l'avocat de la paix et du dialogue interreligieux, est l'ambassadeur de son peuple et de son pays occupé par une nation étrangère. Néanmoins, il aime souvent se présenter comme un simple moine, ne cache pas que c'est là son plus grand bonheur, et c'est cette simplicité qui lui permet d'être multiple, de changer de rôle avec une extrême aisance, et lui attire la sympathie du monde entier.

Membre d'une équipe de tournage qui a eu le privilège d'approcher le dalaï-lama à maintes occasions pour le filmer, j'ai toujours été impressionnée par son ouverture d'esprit et le plaisir qu'il prend à rencontrer ses visiteurs, ainsi que par l'émotion, souvent considérable, qu'il suscite en eux. Il est vrai que son surnom tibétain « Kundun » signifie « la Présence », et les reporters les plus blasés, ceux qui prétendent avoir tout vu, se laissent prendre à l'incroyable charisme de cet homme.

Ce livre est un hommage à Sa Sainteté le dalaï-lama. Je l'ai écrit en espérant faire découvrir son univers à tous ceux qui le liront.

L'ancien Tibet

Carte de l'ancien Tibet montrant les grandes chaînes montagneuses, les pays limitrophes, les principaux monastères et villes.

LÉGENDE

- ❖ *principaux monastères*
- ● *villes*
- ▲ *montagne*
- *frontière en 1914*

ALTYN TAGH
(MONTS ALTUN)
UN
AMDO
MONTS
KOKONOR
Xining
Kumbum
Lanzhou
fleuve Jaune
Atsokh
Garang
Sertakh
Labrang
Drashi
Tsanmon Kotse
Ridoma
Hetso
Dokar
Radja
Tsaha Wesheng
Choni
Choni
Dzangar
Dzangar
MONTS
AMNYE MACHIN
MONTS
BAYANKARA
CHINE
BET
Lady Wencheng
Derge
Yalung
Dawu
Chamdo
Chamdo
KHAM
Lithang
Lithang
Batang
Gartok
Konka
Nabo
Lhakang Ting
Dendjra
Yang-tseu-kiang
Mékong
Salouen
Yangzi
Muli
Muli
Kopati
Kulu
Rendjom
Kulu
Yungning
Yungning
Ratreng
Drigung
Taldung
Tsurpu
Sera
Yerpa
LHASSA (LE POTALA)
Drepung
Netang
Ganden
Samye
Narthang
Tashi Lhunpo
Shigatse
Dranang
Mindröling
Shaki
Ngor
Gyantse
YARLUNG VALLEY
TSANG
Samada
Kyangphu
ASSAM
BOUTAN
ARUNACHAL PRADESH
Darjeeling
INDE
BIRMANIE
BANGLADESH

Première partie

~

LE TIBET

1
~

Le Tibet avant l'invasion chinoise

Le vieux Tibet n'était pas parfait. Néanmoins on peut dire que notre mode de vie était tout à fait remarquable. Il y avait certainement beaucoup de choses qui valaient la peine d'être préservées et qui sont aujourd'hui définitivement perdues.

LE QUATORZIÈME DALAÏ-LAMA

Pages précédentes : de gauche à droite, dans le sens des aiguilles d'une montre : foule célébrant le festival de Shoton au monastère de Drepung ; deux nomades ; une jeune nomade portant une coiffe de corail et de turquoises.

À droite : un Khampa avec un yak, à Hebu, près de Samye.

Le Tibet, situé à une altitude moyenne de 4 572 mètres, est le plus haut pays du monde. Il se divise en trois provinces : le Kham, l'Amdo et l'Hou-tsang, où se trouve Lhassa, la capitale. Le plateau tibétain est bordé de montagnes – dont l'Himalaya, au sud – qui forment une barrière naturelle continue, sauf au nord-est. Cette caractéristique géographique aide à expliquer le fait que la culture tibétaine ait été si longtemps préservée.

LE MODE DE VIE TIBÉTAIN

Pays rude, mais d'une stupéfiante beauté, le Tibet possède des montagnes impressionnantes, des plaines vastes et arides au centre, fertiles à plus basse altitude, des vallées et d'immenses forêts. Le dualisme de la nature se reflète dans le caractère tibétain qui est à la fois fougueux et doux. La force farouche de ce peuple, qui lui permet de survivre dans un climat rigoureux, est en effet tempérée par le respect du bouddhisme pour tout être vivant, qui se traduit par la compassion et la sagesse. Peu peuplé – sept millions d'habitants pour une superficie avoisinant celle de l'Europe de l'ouest – et doté d'un système féodal, le Tibet s'est longtemps abrité, sans difficultés, des influences extérieures.

À partir du VIIIe siècle, avec l'introduction du bouddhisme, les premiers monastères apparurent, puis se multiplièrent et finirent par regrouper un quart de la population masculine. Les couvents de nonnes firent également leur apparition, mais leur nombre fut toujours plus restreint. Comme en Occident, les monastères se consacrèrent à l'éducation et à la culture autant qu'à la religion proprement dite. Les moines tibétains pouvaient apprendre la médecine, l'astrologie, les arts plastiques, la littérature et la poésie. Études et éducation monastique étaient fondées sur les principes du bouddhisme, dont celui de l'impermanence de toute chose qui font que, de par sa nature même, l'existence est insatisfaisante.

L'apprentissage des textes sacrés s'accompagnait des rites, des prières, des cérémonies du bouddhisme tibétain. Cérémonies colorées, complexes, comprenant la récitation

Au Tibet, la plus haute terre du monde, même les vallées sont situées à une altitude qui dépasse celle de n'importe quelle montagne d'Europe, du Canada ou des États-Unis.

SIR CHARLES BELL

de *mantra* (sons sacrés), de textes, de prières, des *mudra* (gestuelle symbolique) et des danses représentant des combats symboliques contre les démons. Hors des monastères, il y avait aussi les grands yogis qui passaient des années à pratiquer l'ascétisme et la méditation dans la solitude des grottes et qui, après avoir découvert les grandes vérités de l'existence, attiraient des disciples désireux de bénéficier de leur expérience.

Chaque monastère était dirigé par un lama – un maître spirituel– assisté par d'autres lamas, selon un ordre hié-

Le monastère de Samye, premier monastère bouddhiste du Tibet, fondé par Trisong Detsen au VIIIe siècle.

rarchique très précis. Mais il fallait aussi s'occuper des aspects de la vie quotidienne, et les moines qui n'étaient pas particulièrement doués pour les hautes études spirituelles ou les arts devenaient cuisiniers ou jardiniers, par exemple, en dehors des heures consacrées aux pratiques religieuses. Les monastères assuraient tous les besoins des moines, aussi bien spirituels que physiques, grâce aux taxes prélevées dans la population laïque, selon un système parfois répressif et contraire à la mobilité économique et sociale. Néanmoins, les laïcs acceptaient généralement bien cette situation qui leur valait, en retour, le soutien spirituel des moines, leurs conseils religieux, des cérémonies et des prières marquant les décès et tout autre événement majeur.

À côté de cette hiérarchie religieuse, il existait aussi une aristocratie. Divers rois et dynasties s'étaient succédé à travers les siècles avant de former une noblesse stable dont les ancêtres remontaient aux rois Yarlung, première dynastie royale dont l'histoire du Tibet ait conservé la trace. Ces nobles portaient de magnifiques vêtements de brocart, que rappellent les robes de cérémonie des grands lamas, et de lourds et somptueux bijoux qui indiquaient leur rôle social. Un rôle actif, en l'occurrence, puisque, avec le clergé, la noblesse gouvernait le pays.

> *Quel merveilleux spectacle qu'une cavalcade de grands dignitaires tibétains, dans leurs magnifiques brocarts chinois bleu et or, montés sur leurs mules et leurs poneys à longs poils, qui traversent un col et descendent vers vous, enveloppés par la lumière d'un soleil tibétain brillant de tout son éclat dans un ciel sans nuages.*
>
> SIR CHARLES BELL

Participer au gouvernement du pays représentait pour la noblesse l'assurance de conserver ses droits sur les vastes domaines qu'elle possédait. Chaque fonction gouvernementale était partagée entre un noble et un moine, ce qui permettait de prévenir tout abus de pouvoir d'un côté comme de l'autre et d'empêcher la corruption. Ce système efficace fonctionna de sa mise en place sous le premier dalaï-lama jusqu'en 1959. Les liens étroits établis entre le clergé et la noblesse permirent également à celle-ci de ne pas sombrer dans la décadence en l'incitant à entretenir un autel familial et à s'assurer le service de moines qui conduisaient prières et rites quotidiens.

Toutefois, cette noblesse jouissait de privilèges particuliers et de biens exceptionnels, symboles d'une réussite mercantile. Les pique-niques et les fêtes organisés en été duraient fréquemment plusieurs jours, au cœur de jardins foisonnant de plantes et de fleurs parmi lesquelles se promenaient des paons et d'autres animaux apprivoisés, tandis que l'on buvait la bière tibétaine – *chang* – faite d'orge fermentée. Mais la modération en toutes choses préconisée par le Dharma – les enseignements bouddhiques – évitait à la jouissance des privilèges et du luxe de tomber dans l'excès.

Le reste de la population se composait essentiellement de fermiers et de commerçants, itinérants ou sédentarisés dans les villages ou les rares villes. La variété des caractéristiques régionales, tels les divers costumes et dialectes, résultait de l'étendue du pays. Le fait que certaines parties du territoire fussent pratiquement inhabitées entravait les communications. Les terres les plus hautes étaient peuplées de nomades qui vivaient sous des tentes et conduisaient d'immenses troupeaux de yaks ou de moutons d'un pâturage à l'autre, au gré des saisons. Indépendants, épris de liberté, ils tenaient à leur isolement et se contentaient de descendre en ville, deux fois par an, pour troquer de la viande, du fromage et des peaux contre des céréales, du thé et des fusils.

À plus basse altitude, dans les vallées fertiles, les fermiers vivaient généralement dans de petites agglomérations et cultivaient l'orge, la céréale qui constitue la base de l'alimentation tibétaine. Grillée et pilée, l'orge donne la *tsampa* (farine d'orge) qui, mélangée au thé tibétain, salé et beurré, constitue le plat national.

Cette population agricole était beaucoup plus soumise au clergé et à la noblesse que les nomades et acceptait comme une évidence le système de taxes qui lui était imposé.

Une vue de Shol – village situé au pied du Potala – datant de 1954. Depuis, le village a été presque entièrement rasé.

On mélange au thé du beurre et une poudre blanche que l'on trouve sur les rives des lacs, principalement sur les hauts plateaux du nord et de l'ouest du Tibet. Ici l'on en boit quotidiennement de vingt à cinquante tasses, d'une contenance ordinaire. Les Européens détestent cette boisson qui est pourtant très saine.

SIR CHARLES BELL

Cependant, les échanges commerciaux offraient un moyen d'échapper à ce système, aussi bien géographiquement qu'économiquement. Des caravanes de marchands se mettaient en route, chaque automne, après les récoltes. Certaines parcouraient le pays sans franchir ses frontières, d'autres entreprenaient le long voyage vers l'Inde, la Chine ou la Mongolie. On échangeait les surplus de nourriture, le sel, l'or, les plantes médicinales, la laine, contre le thé, l'argent, la soie, des outils, du tabac et d'autres produits de luxe. Ces caravanes devaient être importantes et bien défendues pour dissuader les bandits de les attaquer. Les marchands qui échappèrent au péril s'enrichirent notablement et certains choisirent de ne pas revenir.

Ranee Taring, célèbre aristocrate des années trente.

Ce qui s'échangea, au long de ces routes, ne fut pas simplement matériel. Une communication culturelle et religieuse trouva l'occasion de s'établir. Des textes sacrés furent introduits au Tibet, des maîtres indiens s'y firent conduire tandis que des traducteurs tibétains allaient passer des années à étudier et travailler dans de grands monastères indiens avant de revenir, chargés de leurs traductions de textes sacrés. Cette circulation des idées favorisa le développement du bouddhisme au Tibet quand son déclin s'amorçait en Inde.

LHASSA

Chaque Tibétain, quelle que fût sa condition sociale, était un jour ou l'autre attiré par Lhassa. Dans la capitale, on trouvait des denrées rares, des spectacles d'opéra et d'autres divertissements, mais aussi les plus grands temples du pays et, surtout, la résidence du dalaï-lama. Des coins les plus reculés du pays, parfois en marchant pendant des mois, on venait à Lhassa, la ville sainte, effectuer le pèlerinage qui resterait l'événement d'une vie.

Construite à proximité du lac Otang, dans la province de l'Hou-tsang, la ville fut d'abord baptisée Rasa, un nom dont la sonorité évoque le bruit de l'eau agitée par le vent. Puis Songtsen, qui dirigea le pays pendant vingt ans au cours du VIIe siècle, la nomma Lhassa – « le terrain des

dieux » – lorsqu'il en fit sa capitale à la place de Yarlung. C'est à lui que les Tibétains doivent leur temple le plus sacré, le Jokhang, dont le rayonnement s'accentua sous le cinquième dalaï-lama, et qui renferme un grand nombre de statues anciennes et sacrées.

Les pèlerins effectuaient une circumambulation rituelle autour du Jokhang en empruntant le Barkor, ce dédale de ruelles qui entourent le temple. Souvent ils progressaient, en grande prosternation, à plat ventre sur le sol, ce qui était une façon d'accumuler les mérites spirituels. D'autres marchaient en comptant les mantras qu'ils récitaient à l'aide d'un chapelet appelé *mala*, ou en faisant tourner un moulin à prières – petite roue métallique fixée sur un manche de bois et qui renferme des prières imprimées sur un rouleau de papier. Le long des ruelles se succédaient des échoppes qui proposaient des produits variés, et l'on voyait marchands et pèlerins faire ensemble leurs dévotions avec le plus grand naturel.

À gauche : *femmes moissonnant à Nyemu, près de Shigatse, à l'ouest du Tibet.*

Ci-dessus : *l'un des grands maîtres* nyingmapa, *le défunt Dilgo Khyentse Rimpoché.*

Sur une colline, à l'ouest de l'agglomération principale, se dresse le Potala. Construit pour le cinquième dalaï-lama, ce bel et imposant édifice devint la résidence de tous ses successeurs. Il comprenait, outre les appartements du dalaï-lama, plusieurs sanctuaires plus ou moins grands, et des salles consacrées à des cérémonies religieuses ou à des réunions gouvernementales.

À partir de l'époque du huitième dalaï-lama, le Potala ne fut plus que la résidence d'hiver des dalaï-lama, le Norbulingka (le parc du Joyau) devenant la résidence d'été. À proximité du palais de Lhassa on trouve plusieurs monastères célèbres, dont les « trois grands », autrement dit les monastères de Ganden, Drepung et Sera.

Ville ancienne et prospère, siège du gouvernement et lieu de pèlerinage, Lhassa était le pivot de la société tibétaine. Moines, marchands, nobles, pèlerins, mendiants, enfants et animaux se côtoyaient librement dans les rues frémissantes d'activité. Le calendrier liturgique comportait de grandes journées comme le Monlam, ou fêtes de la Prière, au début du printemps, qui réunissaient d'immenses foules en leur offrant un mélange de spectacles et de cérémonies religieuses. On assistait à d'interminables défilés de statues sacrées qui constituaient un festival de couleurs bigarrées, dans une odeur d'encens et de lampes à beurre.

> *Le dernier jour du Monlam était consacré aux activités qui se déroulaient en plein air. D'abord, une imposante statue du bouddha Maitreya, le bouddha du futur, conduisait une procession qui faisait le tour de la vieille ville... Ensuite, quand la statue avait achevé son circuit, tout le monde s'agitait et se tournait vers les activités sportives. Elles comportaient des courses de chevaux, des courses à pied qui demandaient une participation du public, et l'on s'amusait beaucoup.*
>
> LE QUATORZIÈME DALAÏ-LAMA

Cette culture féodale avait néanmoins ses carences. Hors des monastères, l'éducation se réduisait au minimum, l'hygiène et les conditions sanitaires étaient insuffisantes, l'évolution sociale tenait du miracle. Intrigues politiques et luttes pour le pouvoir étaient monnaie courante et cette situation ne faisait que s'aggraver pendant les périodes de transition entre deux dalaï-lama, quand on confiait le gouvernement à un régent en attendant la majorité du nouveau chef politique et religieux. Il y avait une prison à Lhassa et les sentences prononcées à l'encontre des criminels pouvaient être extrêmement sévères. Bandits et animaux sauvages attaquaient le voyageur imprudent, tandis que la rudesse du climat et la fragilité de l'écosystème faisaient de l'agriculture une activité incertaine. Cependant l'on parvenait à prospérer, dans les limites que permettait ce contexte. Il n'y eut jamais de grande famine et les plupart des Tibétains étaient satisfaits de leur condition. Comme la majorité des familles avaient au moins un enfant dans un monastère, la vie se confondait avec la religion, qui procurait une activité à un quart de la population. L'esprit du bouddhisme, qui est compassion, tolérance, respect de la vie, imprégnait toute la société tibétaine, et le « dernier Shangri-la », à défaut d'être un paradis, était au moins un pays où régnait la satisfaction.

L'ANCIEN TIBET

Le Tibet est bordé par deux grands pays, l'Inde et la Chine, et par plusieurs petits pays, comme la Mongolie, dont la

À gauche : ***une caravane de yaks chargés de bagages au pied de l'Everest.***

Ci-contre : ***coolies transportant quelque 136 kilos de thé chacun, de la Chine au Tibet, en 1908.***

population est, d'un point de vue ethnique, similaire à celle du Tibet. Occupé à l'origine par de petites tribus qui se disputaient le pouvoir, le Tibet devint pour la première fois un royaume avec l'apparition de Nyatri Tsenpo, environ cinq cents ans avant J.-C. La légende veut qu'il soit tombé du ciel, mais même s'il surgit dans l'histoire du Tibet de manière plus conventionnelle, il est incontestablement le fondateur de la dynastie des Yarlung.

Jusqu'au règne du vingt-huitième roi yarlung, Lhatotori, au IVe siècle, tous les souverains suivirent les pratiques animistes du *bon*. Puis, selon une autre légende, les écritures bouddhiques tombèrent à leur tour du ciel et atterrirent à la cour du roi où elles furent bien acceptées. Mais avec cet événement commença une longue bataille entre le *bon* et le bouddhisme. Au VIIe siècle, Songtsen Gampo renforça la position du bouddhisme en épousant, en même temps, deux femmes de pays bouddhistes, une Chinoise et une Népalaise, qui apportèrent au Tibet de précieuses statues et stimulèrent, par leur pratique, l'intérêt du roi pour le bouddhisme.

Ci-dessous : ***ministres du gouvernement tibétain, avant l'invasion chinoise.***

Au VIIIe siècle, Trisong Detsen consolida également la position du bouddhisme en invitant Padmasambhava, grand yogi tantrique indien, à venir soumettre les démons tibétains hostiles au bouddhisme. Ce fut l'occasion d'un débat fracassant et d'un concours de prouesses magiques entre Padmasambhava et les grands prêtres *bon*. Padmasambhava surpassa brillamment ses adversaires et sa victoire permit aux enseignements bouddhiques de se répandre largement dans la population. Toutefois, au IXe siècle, le roi Langdarma soumit le bouddhisme à une violente répression destinée à réhabiliter le *bon*. Celle-ci eut pour conséquence l'assassinat de Langdarma par un moine bouddhiste outragé, qui entraîna à son tour la fin de la grande dynastie des Yarlung.

> *De l'Inde, il [le Tibet] a reçu le bouddhisme, qu'il a adapté à ses propres instincts, créant de cette façon une solide religion nationale, son bien le plus précieux.*
>
> SIR CHARLES BELL

Plusieurs petites principautés apparurent alors. Certaines, dans l'ouest du Tibet, gardèrent le bouddhisme, pendant que d'autres, dans le centre du pays, revenaient au *bon*. Au XIe siècle, le bouddhisme connut un nouvel essor avec l'arrivée du grand gourou Atisha et des maîtres Naropa et Marpa, tous trois indiens. Marpa prodigua son enseignement à Milarepa, le plus célèbre des « saints » yogiques tibétains. Cette période, qui vit ce que l'on a appelé « la seconde dissémination de la doctrine au Tibet », correspond à la renaissance du savoir bouddhiste, de sa traduction et de son art sacré. Mais, au début du XIIIe siècle, on assista à la conquête de l'Asie centrale par les troupes sans merci de Gengis khan, et quand ses émissaires, venant d'une Chine dominée par les Mongols, arrivèrent au Tibet, les Tibétains s'inclinèrent en espérant éviter le pire.

Cependant, plusieurs années plus tard, lorsque la Mongolie fut lasse d'attendre les tributs exigés, le petit-fils de Gengis khan, Godan khan, envahit le Tibet. Au lendemain du saccage d'un grand monastère et d'un carnage parmi les moines, Godan khan eut assez d'ironie, mais également d'habileté diplomatique, pour s'allier à l'une des hiérarchies religieuses du Tibet dont il avait su jauger le pouvoir politique potentiel autant que le prestige religieux.

L'alliance fut conclue avec Sakya Pandita, chef des *sakya*, dont Godan khan fit le régent du Tibet, provoquant ainsi la fureur des responsables des autres mouvements religieux. Les chefs mongols trouvèrent avec cette alliance un guide spirituel, tandis que les *sakya* acquéraient la suprématie politique à l'intérieur du Tibet, qui restait cependant sous suzeraineté mongole. Cette situation dura environ un siècle.

> *Le rapport « chef-prêtre » recelait une ambiguïté qui, en Asie, dans des relations politiques traditionnelles, pouvait bénéficier aux deux parties sans que l'une ou l'autre se sentît bernée. Aux yeux des politiques mongols et mandchous, la position du chef était naturellement supérieure à celle du prêtre, tandis que pour les Tibétains, tournés vers la religion, le prêtre détenait seul le vrai pouvoir...*
>
> STEPHEN BATCHELOR

Alors que déclinait le pouvoir des Mongols, le chef nationaliste Jangchub Gyeltsen renversa le régent *sakya* et le remplaça en 1354. Quand la dynastie chinoise des Ming succéda aux Mongols à Pékin, les Tibétains choisirent d'oublier la relation « chef-prêtre », le Tibet redevint indépendant et le resta pendant trois cents ans. Pendant toute cette période le gouvernement fut aux mains des *kagyupa,* tandis que les autres hiérarchies religieuses continuaient à convoiter le pouvoir.

Les ruines de Tholing, ancien royaume de Guge, à l'ouest du Tibet.

De retour en Mongolie, Altan khan, un descendant de Gengis, moins féroce que son ancêtre, garda un œil attentif sur le Tibet. Il était attiré par une école nouvelle, celle des *gelukpa*, fondée par le réformateur Tsongkhapa dans la dernière moitié du XIVe siècle. Le souverain demanda à rencontrer Sonam Gyatso (né en 1543), chef des *gelukpa*, et fut si impressionné par ce moine qu'il lui donna le titre de dalaï-lama, titre qu'il conféra aussi, rétroactivement, à ses deux prédécesseurs. Ainsi fut établie la lignée des dalaï-lamas.

Cependant, les autres hiérarchies religieuses ainsi que de puissants chefs locaux se sentirent menacés par cette alliance entre *gelukpa* et Mongols, et le quatrième dalaï-lama fut renversé et tué en 1616. Continuant à soutenir les *gelukpa*, les Mongols envahirent le Tibet, réprimèrent l'insurrection et portèrent au pouvoir le cinquième dalaï-lama, qui fut le premier a être investi d'un pouvoir à la fois temporel et religieux. Il gouverna avec sagesse, suscita dans le pays le sens de l'unité nationale et devint, pour l'histoire, le « Grand Cinquième ».

Le Potala, à Lhassa, palais construit sous le cinquième dalaï-lama et résidence des dalaï-lamas depuis le XVIIe siècle.

Le sixième dalaï-lama ne fut pas à la hauteur de sa tâche. Préférant écrire des poèmes et céder à des emportements amoureux, il provoqua une nouvelle instabilité politique.

Devant cette situation, le puissant empereur chinois, Kangxi, encouragea le prince mongol, Lhabzang khan, à envahir le Tibet et à se débarrasser, non du dalaï-lama, mais de son régent qui gouvernait dans l'ombre. Dès que la stabilité politique fut rétablie, le khan offrit le Tibet en tribut à l'empereur chinois. Un autre clan mongol, les Dzungars, qui avait été l'allié du régent assassiné, provoqua un second renversement de situation en supprimant Lhabzang khan.

Cette rébellion fut rapidement balayée par Kangxi, qui fit introniser le jeune septième dalaï-lama en 1720. L'année suivante, le Tibet fut déclaré protectorat chinois par l'empereur, mais les Chinois n'eurent à intervenir au Tibet qu'une seule fois, en 1792, lorsqu'ils aidèrent les Tibétains à repousser une invasion népalaise. Par la suite, les relations entre la Chine et le Tibet devinrent purement formelles. Les dalaï-lamas et les régents qui se succédèrent gouvernèrent, plus ou moins pacifiquement, selon la situation à l'intérieur du pays, pendant près d'un siècle, et le seul changement de politique notable au cours du XIXe siècle fut la fermeture des frontières aux étrangers, initiative qui isola du reste du monde ce pays essentiellement religieux.

L'HISTOIRE RÉCENTE

Il se pourrait qu'ici, au centre du Tibet, la religion et l'administration séculière soient attaquées à la fois de l'extérieur et de l'intérieur… Tous les êtres seront plongés dans de grands tourments et dominés par la peur ; les jours et les nuits sembleront s'éterniser dans la douleur.

LE TREIZIÈME DALAÏ-LAMA

Tubten Gyatso, treizième dalaï-lama et prédécesseur immédiat de l'actuel dalaï-lama, dirigeait le Tibet lorsque le monde entra dans le XXe siècle. Gouvernant avec fermeté, il devint de plus en plus conscient du statut précaire de son pays, en particulier lorsqu'à deux reprises il dut s'exiler pendant son règne – une première fois en 1904, quand une expédition britannique, partie de l'Inde – alors colonie britannique – et conduite par le colonel Francis Younghusband, s'avança à l'intérieur du Tibet, le contraignant à se réfugier en Mongolie. Si les Britanniques cherchaient à prévenir une intervention russe et à s'assurer des échanges commerciaux, ils permirent avant tout de mettre en évidence le peu de fiabilité de l'engagement chinois auprès des Tibétains.

L'expédition britannique fut, en partie, la cause de l'invasion sino-mandchoue de 1910 destinée à faire du Tibet une province chinoise. Pour la seconde fois, le treizième dalaï-lama se vit contraint de fuir et – ironie de l'histoire ! – de chercher refuge en Inde auprès des Britanniques. Mais les Mandchous furent expulsés un an plus tard par les Tibétains, tandis que la révolution provoquait la chute de leur dynastie à Pékin. Le treizième dalaï-lama rentra alors au Tibet où il proclama l'indépendance de son pays.

Toutefois, la Chine revendiqua la possession du Tibet, en même temps que celle de la Mongolie, de la Mandchourie et du Xinjiang. S'ils n'eurent pas, à l'époque, les moyens d'occuper ces territoires, les Chinois n'en continuèrent pas moins à représenter une réelle menace pour la souveraineté du Tibet. Les Britanniques engagèrent alors, en 1914, les Tibétains et les Chinois à signer avec eux la convention de Simla, censée clarifier les relations entre les trois pays. Mais, la situation étant quelque peu complexe et trouble, les pourparlers ne durèrent pas moins de six mois.

Ils aboutirent à la préparation de documents proposant l'autonomie du Tibet qui restait, cependant, sous suzeraineté chinoise. Pratiquement, ce statut accordait au Tibet une liberté complète à l'intérieur de ses frontières et une dépendance à l'égard de la Chine en matière de politique étrangère. Tibétains et Britanniques voulaient la signature de cet accord afin d'aboutir à une position claire et officiellement reconnue. Mais ils se heurtèrent au refus des Chinois qui, en 1950, envahirent le Tibet sous prétexte de « les [les Tibétains] rattacher à leur mère patrie ». Depuis cette date, le Tibet demeure un pays occupé.

LE BON

Le bon *était essentiellement fondé sur la vénération des forces de la nature. Cependant, il ne se limitait pas à cette vénération ; il comportait une solide organisation et (…) le bouddhisme ne put prévaloir sans un compromis qui consista à adopter un grand nombre de ses idées.*

SIR CHARLES BELL

Pour les Tibétains, il y a le bon *blanc et le* bon *noir. Ceux qui pratiquent encore le premier sont très proches des bouddhistes qui ne voient pas de différences absolues entre les deux religions (…) En revanche, les adeptes du* bon *noir ne sont pas des bouddhistes, mais des hérétiques. Ils suppriment des vies en sacrifiant des animaux sur leurs autels.*

SIR CHARLES BELL

2

Le Tibet pendant et après l'invasion chinoise

Le 9 septembre [1950], trois mille soldats de la 18ᵉ division entrèrent dans Lhassa, au son de tubas et de tambours, en brandissant des portraits de Mao et de Chou En-lai, entre des rangées de drapeaux chinois, dont l'une des quatre petites étoiles entourant la grande étoile jaune représentait le Tibet.

JOHN AVEDON

À droite : jeunes gardes rouges lisant le Petit Livre rouge *devant un portrait géant de Mao.*

Ci-contre : une armée tibétaine, insuffisante et mal équipée, se préparant à repousser l'invasion chinoise.

En 1949, après des années de tumulte, le parti communiste chinois, dirigé par Mao Zedong, unifia la Chine en créant la République populaire de Chine. Dans les mois qui suivirent, le gouvernement de Pékin présenta sur les ondes les plans qui visaient à « libérer » et le Tibet voisin et l'île de Taïwan.

Le Tibet était alors gouverné par un régent, en attendant que le quatorzième dalaï-lama fût en âge de prendre les rênes du gouvernement. Un premier régent, Reting Rimpoché, avait été démis de ses fonctions à la suite de scandales provoqués par des égarements sexuels et une corruption généralisée. Son successeur Taktra Rimpoché favorisant également la corruption, quoique dans de moindres proportions, les alliés de Reting Rimpoché tentèrent de reprendre le pouvoir. Mais leur tentative échoua dans des affrontements sanglants qui durèrent plusieurs jours et coïncidèrent avec le redressement des forces gouvernementales chinoises.

En conséquence, le Tibet se trouvait dans une position de faiblesse face à la menace d'invasion chinoise. Peu enclins à guerroyer, les Tibétains ne possédaient qu'une armée insignifiante, mal équipée, incapable de se mesurer à une Armée populaire de libération (APL) bien entraînée, sortant

Les Tibétains sont généralement très religieux et beaucoup d'entre eux sont aussi très pratiquants, mais croire que le pays peut être sauvé sans effort humain, simplement par des prières, résulte d'un savoir limité.

LE QUATORZIÈME DALAÏ-LAMA

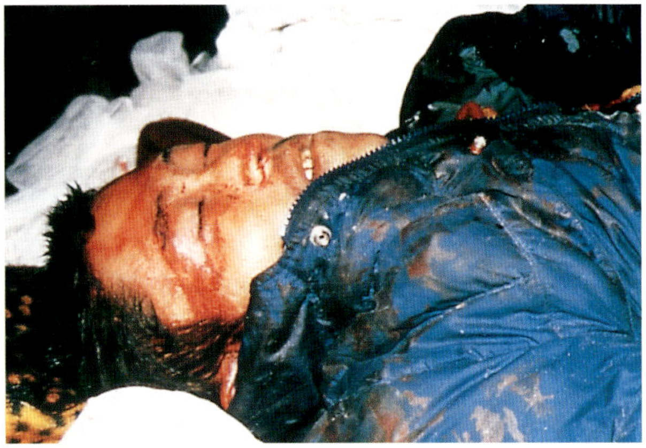

Homme tué par la police chinoise au cours d'une manifestation pacifique pour l'indépendance du Tibet.

victorieuse d'un long combat et qui ne demandait pas mieux que de faire rentrer le Tibet dans le giron de la « mère patrie ». Par ailleurs, le Tibet ayant prôné « l'isolement pacifiste », les Nations unies lui refusèrent leur aide quand il les supplia d'intervenir.

Jigme Taring, aristocrate de Lhassa, en uniforme de soldat.

L'Armée populaire de libération commença par faire une petite incursion dans l'est du Tibet en s'emparant d'un ville : Dengkok. Mais l'envahisseur chinois fut anéanti en quelques semaines par une division de Khampa, les guerriers ancestraux du Tibet, redresseurs de torts et indépendants. Toutefois, cette victoire devait être la seule. L'APL revint avec une division plus importante que la première pour reprendre Dengkok et tout le Chamdo, après un assaut qui débuta le 7 octobre 1950. Le gouverneur de la région, Ngabo, préféra fuir et se rendre au bout de onze jours, en dépit d'une position stratégique avantageuse.

Lorsqu'il apprit que les Chinois n'étaient plus qu'à un jour de route, à l'est, pendant qu'à l'arrière Riwoché était encerclé, Ngabo perdit son sang-froid. Il envoya un message radio à Lhassa en requérant l'autorisation de se rendre. Ayant reçu une réponse négative, il rassembla ses biens, enleva le long pendant de turquoise qu'il portait à l'oreille gauche, troqua ses robes de soie jaune pour la tenue de serge grise d'un petit officiel et décampa au milieu de la nuit.

JOHN AVEDON

Les Chinois annoncèrent leur présence au Tibet sur Radio Pékin, le 25 octobre, en stipulant que leurs troupes avaient pour mission de « libérer les Tibétains de l'oppression impérialiste ». L'Inde protesta immédiatement auprès du gouvernement chinois, mais s'entendit répondre qu'elle n'avait pas à interférer dans les « affaires intérieures » chinoises, ce qui permettait difficilement au Premier ministre indien, Nehru, d'insister sans s'exposer à des représailles de la part de son puissant voisin. Le processus de l'occupation chinoise était enclenché et se poursuivit inexorablement avec, pour point culminant, la marche sur Lhassa en septembre 1951.

Quand la nouvelle de la perte du Chamdo parvint jusqu'à Lhassa, tout le monde commença à mesurer la gravité de la situation. Le gouvernement mena des débats intenses pendant que le peuple manifestait en demandant que le pouvoir fût remis au dalaï-lama. Finalement, on fit appel à l'oracle de Gadong. Les oracles, dans le gouvernement tibétain, jouaient un rôle d'une extrême importance. Quand de sérieuses difficultés apparaissaient, l'oracle était systématiquement consulté. Il conseillait au gouvernement ce que lui soufflaient les déités ou les esprits, gardiens du Tibet, en prenant possession de son corps. Cette pratique, qui s'ajoutait à des méthodes de gouvernement beaucoup plus communes, s'était depuis longtemps révélée d'une aide précieuse. L'oracle fut donc sollicité, entra en transe, et quand l'esprit tutélaire prit possession de son corps, sa force décupla et ses assistants s'empressèrent de fixer sur sa tête la coiffe cérémonielle. Si, en temps normal, la coiffe était trop lourde pour être portée sans aide, pendant la transe, le médium en supportait si bien le poids qu'il pouvait danser comme s'il n'avait qu'une plume sur la tête.

Quand l'oracle eut offert au jeune dalaï-lama l'écharpe blanche traditionnelle – *kata* –, les ministres sollicitèrent son avis sur la situation politique. « Faites-le roi », fut sa réponse,

La cavalerie chinoise entre au Tibet, en brandissant ses bannières.

juste avant qu'il s'effondrât et que la transe prît fin. Tenzin Gyatso n'avait que 15 ans et manifesta de l'appréhension à l'idée de devenir, si jeune, le chef temporel et spirituel de son pays. Toutefois, il comprit très vite que les circonstances ne lui laissaient pas le choix, que son peuple avait besoin de l'autorité du dalaï-lama et qu'en conséquence il ne pouvait qu'accepter et tenter de faire au mieux.

> *Je ne pouvais me dérober à mes responsabilités, j'étais tenu de les endosser, de reléguer mon enfance dans le passé et de me préparer sans plus attendre à gouverner mon pays.*
>
> LE QUATORZIÈME DALAÏ-LAMA

Le 17 novembre 1950 eut donc lieu au Potala, selon la tradition, la cérémonie qui investissait le dalaï-lama de la responsabilité du gouvernement tibétain.

L'OCCUPATION CHINOISE

Pendant les neuf années qui suivirent, le dalaï-lama géra la situation du mieux qu'il put, puis il devint évident que l'accès à la modernité promise par les Chinois, qui construisaient des routes et avaient installé l'électricité dans le pays, masquait leur véritable but. Ce qu'ils visaient n'était rien de moins que la sinisation du Tibet, son contrôle absolu que devait permettre une éradication pure et simple de la culture, de la langue et de la religion tibétaines. En même temps, les Chinois se livraient à l'exploitation du sous-sol, au mépris de l'environnement et de la faune, ainsi qu'à une déforestation massive dont le produit prenait le chemin de la Chine.

Invité à Pékin, le dalaï-lama fut convié à admirer le bonheur du peuple : la vitrine du communisme. Il y eut plusieurs rencontres avec Mao mais, de plus en plus conscient d'être manipulé, le dalaï-lama demeurait sceptique, tout en se montrant diplomate. En dépit des promesses chinoises, la situation continua à se détériorer et, pour la première fois de son histoire, le Tibet manqua de vivres, en raison de l'afflux des soldats chinois. Pendant ce temps, les appels à l'aide du Tibet restaient sans réponse, bien que des organisations internationales défendant les droits de l'homme, informées de certaines atrocités commises par les Chinois, eussent commencé à condamner l'action de la Chine au Tibet. Puis, la situation continuant à se détériorer, le dalaï-lama fut finalement contraint à prendre le chemin de l'exil.

LA RÉVOLUTION CULTURELLE

Dès que le Tibet apprit que le dalaï-lama, conscient d'être dans l'incapacité de servir son pays, avait jugé plus utile de fuir, ce fut l'explosion. Écœurés par l'ingérence des Chinois dans leur vie, privés de la présence de leur chef bien-aimé, les Tibétains libérèrent la rage qu'ils accumulaient depuis l'invasion chinoise. Cependant, les forces chinoises étant plus puissantes, mieux armées et mieux entraînées que les Tibétains, l'affrontement fit des milliers de morts et se solda par le triomphe des envahisseurs. Ce fut alors, tout en même temps, la fin de la politique officielle de la Chine au Tibet, selon laquelle la présence chinoise était tout au bénéfice des Tibétains, et le signal d'une destruction et d'un pillage systématiques du patrimoine culturel et religieux du Tibet comme de ses ressources naturelles.

À l'extrême droite : les ruines du monastère de Tse-Choling, sur les rives de la Kyichu.

À droite : le dalaï-lama avec le Premier ministre Chou En-lai, Inde, 1956.

Si certaines promesses d'amélioration furent tenues, elles ne bénéficiaient qu'aux Chinois qui s'installaient de plus en plus nombreux au Tibet. En raison d'une discrimination raciste parfaitement évidente, les Tibétains devenaient des citoyens de seconde zone dans leur propre pays. La pauvreté, jusque-là inconnue, fit son apparition, tandis que le respect des droits de l'homme les plus élémentaires était de plus en plus bafoué. La dissidence, sous toutes ses formes, était brutalement réprimée et l'on vit surgir d'immenses prisons dans lesquelles étaient jetés les nombreux Tibétains qui se rebellaient contre le sort inacceptable infligé à leur pays. Il devint tout à fait clair que les promesses de bonheur et de prospérité du régime communiste chinois n'étaient que des slogans mensongers et des pièges.

Pendant ce temps, en Chine, une autre lutte pour le pouvoir était en train d'aboutir. Malgré l'hostilité que le président modéré Liu Shao-chi manifestait à l'égard de ses réformes idéologiques extrémistes, malgré l'échec de son « grand bond en avant », Mao réussit à reprendre le pouvoir en main en 1966. Une date qui devait marquer le début d'un des épisodes les plus tragiques de l'histoire contemporaine : cette Révolution culturelle qui allait provoquer plus de souffrances et de morts que la Seconde Guerre mondiale. Bilan cauchemardesque dont toute l'ampleur n'a été révélée que récemment, la Chine s'étant à l'époque coupée du monde extérieur.

Les Tibétains, ainsi que les autres « minorités nationales », souffrirent encore plus cruellement que les Chinois. Il leur suffisait de parler leur langue, de pratiquer leur religion, de porter un vêtement traditionnel ou une robe de moine pour être considérés comme des réactionnaires, face à l'uniformisation absolue des masses prolétariennes. Le 25 août 1967, la Révolution culturelle arriva au Tibet, conduite par les gardes rouges, jeunes voyous fanatisés ayant carte blanche pour tout détruire sur leur passage, qui inaugurèrent leurs activités par la déclaration suivante :

Le monastère de Ganden, en 1991. Il est encore en partie en ruine, bien que quelques bâtiments aient été reconstruits depuis.

Nous qui sommes un groupe de révolutionnaires hors la loi, nous allons manier les barres de fer et les puissants gourdins pour chambouler le vieux monde et précipiter les gens dans une totale confusion.

Pendant qu'en Occident la jeunesse écoutait les Beatles chanter l'amour et la paix, les jeunes Tibétains assistaient à l'anéantissement d'une culture millénaire. D'antiques et précieux textes sacrés – représentant un travail de plusieurs siècles – disparurent dans un autodafé qui dura cinq jours. De magnifiques et très anciennes statues, peintures et fresques bouddhiques furent désacralisées et ruinées, des monuments historiques réduits en poussière. Humiliations, avilissement et tortures accompagnaient le saccage matériel. Moines et nonnes étaient contraints de piétiner et de détruire des images bouddhiques sacrées. S'ils refusaient, ils étaient roués de coups et traînés dans les rues où les passants devaient cracher sur eux et les frapper. On fit copuler en public des moines et des moniales que l'on obligeait ensuite à participer à la démolition de leurs monastères. Les laïcs, ridiculisés parce qu'ils portaient des costumes traditionnels, risquaient d'avoir leurs longues nattes coupées à tout moment dans la rue. Ils étaient également battus et contraints de se joindre à la destruction générale.

Le gouvernement chinois du Tibet, « la Grande Alliance », fut aussi accusé d'être « contre-révolutionnaire », mais ses membres, eux, disposaient de moyens de défense. Après quelques semaines de pillage et de carnage, les gardes rouges s'emparèrent du principal journal tibétain, tentèrent de prendre également le contrôle de l'armée et réussirent au moins à précipiter la fuite du responsable du parti communiste au Tibet, Zhang Gouhua. On vit alors s'affronter sans merci les membres de l'ancien et du nouveau gouvernement qui se disputèrent la suprématie du pouvoir pendant près de trois ans.

Bien que cet affrontement concernât essentiellement deux factions chinoises, les Tibétains en furent les premières victimes. Jusque-là, avec le gouvernement chinois en place, bien organisé et conséquent dans sa démarche, les rebelles tibétains savaient au moins à quel châtiment ils pouvaient s'attendre. Un ordre répressif régnait, mais, tout insupportable qu'il fût, il valait sans doute mieux que la violence anarchique et imprévisible de la Révolution culturelle.

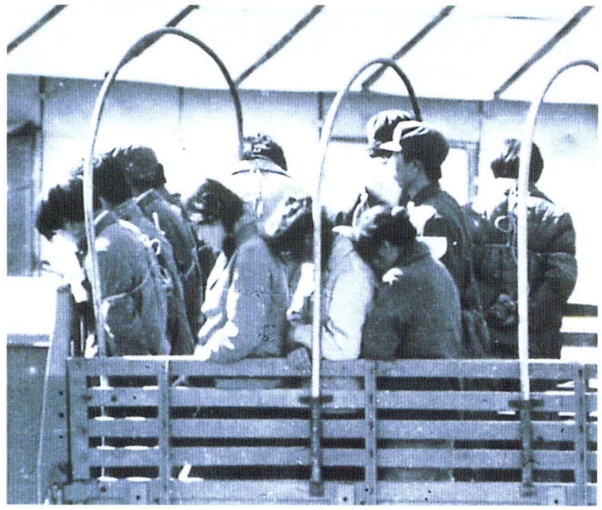

Prisonniers tibétains transportés dans un camion sous escorte chinoise.

Des bandes de gardes rouges parcouraient les rues en détruisant sur leur passage tout ce qui était tibétain. Ils se livrèrent à des viols, des bastonnades, des tortures et même à des crucifixions, en marge des *thamzing* (affrontements publics) au cours desquels les participants confessaient leurs « crimes » avant que l'on contraigne leur famille à les battre. La plus grande insécurité régnait dans les rues, et les raids – souvent nocturnes – étaient fréquents dans les maisons dont on traînait les occupants en prison, la plupart du temps sans aucun jugement, mais toujours sous prétexte

« d'activités contre-révolutionnaires ». Celles-ci incluaient le fait de prier (la religion étant désormais interdite), ou d'être simplement membre de la classe religieuse ou éduquée, comme, par exemple, les médecins.

> *Aux viols et aux bastonnades succédèrent*
> *les exécutions où les victimes devaient d'abord*
> *creuser leur propre tombe avant d'être fusillées.*
>
> JOHN AVEDON

En prison, on torturait les Tibétains pour leur extorquer des aveux. Ceux qui survivaient aux sévices étaient envoyés dans des classes de rééducation ou aux travaux forcés, où les conditions de vie leur étaient souvent fatales. Il y eut tant de prisonniers tibétains qu'il fallut leur trouver d'autres lieux de détention. On les déporta jusqu'au désert du Tengger, près de la frontière mongolienne, où existait déjà un immense camp de prisonniers, bâti par les Chinois en 1940, et qui permettait d'interner dix millions de personnes. Sur les milliers de Tibétains qui y furent enfermés, seuls en revinrent quelques centaines d'entre eux, le taux de mortalité habituel ayant été aggravé par deux ans de famine.

En 1970, la stabilité politique était restaurée, les révolutionnaires ayant pactisé avec la Grande Alliance pour former le nouveau Comité révolutionnaire. Toutefois, les emprisonnements et les tortures continuèrent et ceux qui n'étaient pas jetés en prison devaient participer à la destruction – toujours systématique, mais maintenant plus détaillée – de leur patrimoine culturel, et en particulier des monastères et des objets sacrés. Tout ce qui échappait à la destruction en raison de sa valeur marchande était expédié en Chine. Les textes bouddhiques servaient de papier d'emballage ou hygiénique, les blocs de bois qui permettaient leur reproduction devenaient des matériaux de construction ; les statues et objets de culte en métal et toutes les dorures étaient fondues ; les objets en terre, fracassés dans les rues. Tragédies personnelles et anéantissement culturel se côtoyaient.

Les Chinois instituèrent des unités de travail destinées à la fois à augmenter la production de denrées et à contrôler la population. Désormais tout appartenait à l'État. La liberté de mouvement était supprimée et chacun assigné à une unité. Le travail aux champs remplissait la journée ; les soirées étaient consacrées à des réunions où se déversait la propagande chinoise, où les Tibétains étaient contraints de chanter des chants à la gloire de leurs « libérateurs » et de renier le dalaï-lama, leur religion et leur ancien mode de vie. Ceux qui s'y refusaient subissaient le *thamzing*. Pour satisfaire leurs goûts alimentaires, les Chinois tentèrent de remplacer l'orge par du blé, mais échouèrent, aggravant ainsi la famine. Des chargements d'engrais inadéquats furent envoyés au Tibet, où ils augmentèrent le ravage écologique. En même temps, toute tentative de production céréalière non conforme aux directives officielles était sévèrement sanctionnée.

En 1975, ces erreurs catastrophiques appartenaient au passé, la culture de l'orge avait repris sa première place et les émigrants chinois, quittant un pays surpeuplé, commencèrent à venir s'installer au Tibet par milliers. De nouvelles villes surgirent, bâties en béton dans le style chinois qui devint aussi celui des anciennes villes en partie détruites que l'on reconstruisait et agrandissait. Ainsi, c'était l'architecture tibétaine qui disparaissait également, tout comme l'ancien mode de vie, imprégné de religion, la faune et une grande partie des forêts. En 1976, les observations d'un satellite américain confirmaient la rumeur selon laquelle les installations nucléaires chinoises de Lop Nor avaient été transférées à Nagchuka, située à 265 kilomètres au nord de Lhassa. Le Tibet était donc également entré dans l'ère nucléaire...

Femmes, hommes et enfants tibétains reconstruisant le monastère de Samye, en 1986.

LE TIBET MODERNE

Je ne peux oublier la situation actuelle du Tibet, où ni le mécontentement ni la répression ne se limitent à Lhassa.

LE QUATORZIÈME DALAÏ-LAMA

Aujourd'hui, le Tibet reste un pays occupé ; son peuple est minoritaire, sa culture traditionnelle et sa religion en très grande partie détruite. Toutefois, la situation s'est améliorée, surtout depuis la disparition de Mao. La loi martiale a été assouplie, et la religion tibétaine est maintenant autorisée, sinon encouragée. Le gouvernement chinois a entrepris de redresser certains excès de la Révolution culturelle, et presque un tiers des monastères ont été partiellement ou entièrement reconstruits. Aux yeux du touriste ordinaire, la vie au Tibet se déroule normalement. L'oppression, exercée désormais par la bureaucratie, est devenue beaucoup plus subtile. Le patriotisme chinois est la condition nécessaire à l'exercice de la religion. Les moines sont tenus de signer des documents attestant leur soutien au régime, de subir trois mois de « rééducation » et de passer un examen prouvant que la leçon a été bien apprise. Il semble que le gouvernement s'abstienne d'interférer dans la vie monacale, mais la loi ne précise que vaguement le degré de pratique religieuse qu'elle autorise. Seule est permise une pratique « normale » de la religion, ce qui laisse une grande latitude d'interprétation.

Un homme du Khamp portant chapeau traditionnel et lunettes noires modernes. Tibet oriental, 1991.

Pour diriger un monastère, il faut être un patriote reconnu, et certains chefs religieux sont des espions gouvernementaux. Les grands monastères de Drepung et de Sera ont été placés sous l'autorité de deux laïcs. Le nombre de moines par monastère est limité et contrôlé.

Il y a des routes, l'électricité, un aéroport, des hôtels pour les touristes, des fax, des karaokés, des discothèques, des écoles, des hôpitaux, des mendiants et des prostituées. Mais le visiteur qui tente de creuser un peu sous la surface peut s'attirer de sérieux problèmes et il vaut mieux ne pas inciter les Tibétains à parler politique dans la mesure où il leur est interdit de critiquer la ligne du parti. La police se fait discrète. On ne voit plus de mitrailleuses aux coins des rues depuis 1991 ni de défilés de tanks dans les agglomérations depuis 1990, mais les caméras de surveillance et de nombreux policiers en civil sont facilement repérables. Si les casernes de policiers antiémeutes sont elles aussi discrètes, la présence de l'armée dans les zones rurales reste forte et visible.

Des campagnes d'affichage contre les « séparatistes » – les partisans d'un Tibet libre – ont lieu régulièrement, mais échappent à la plupart des visiteurs parce qu'elles sont en chinois. Elles s'en prennent à la personne du dalaï-lama en prétendant qu'il n'est plus un chef religieux et doit désormais être considéré uniquement comme un traître politique. Mais, à côté de cela, le Tibétain qui se conforme à la politique de l'occupant peut, s'il a des relations et accepte de faire de longues démarches, voyager à l'étranger. Se déplacer à l'intérieur du pays est aussi devenu plus facile. Le Tibet a rejoint la modernité, mais pas comme il aurait pu le souhaiter.

Pendant ce temps, le reste du monde, fasciné par le marché que représente la Chine, oppose un refus politique à l'indépendance du Tibet et s'abstient de reconnaître le gouvernement tibétain en exil. Toutefois, plusieurs organisations internationales dénoncent les violations des droits de l'homme au Tibet et nombreux sont les pays où existent aujourd'hui des comités de soutien au peuple tibétain. Mais si les exactions chinoises contre les droits de l'homme sont connues de tous les gouvernements, aucun n'a encore entrepris une politique de rétorsion, laquelle demeurera improbable tant qu'un effort concerté, à l'échelle internationale, ne sera pas entrepris.

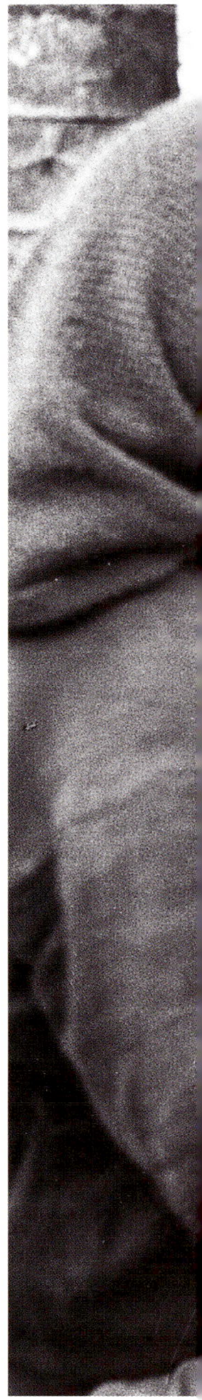

Enfants tibétains jouant dans une rue de Lhassa.

À gauche : un réfugié tibétain en train de graver des symboles sacrés sur un rocher. Manali, nord de l'Inde.

3

Une communauté en exil

Quand le cheval aura des roues et que l'oiseau de fer volera, le peuple tibétain sera dispersé comme des fourmis à la surface de la terre.

PADMASAMBHAVA

Au lendemain de la fuite du dalaï-lama en Inde, les émeutes qui éclatèrent dans Lhassa furent brutalement réprimées par les Chinois. Mais plutôt que de s'incliner devant les forces chinoises et leur armement, les Tibétains préférèrent mourir par milliers. Ces événements, qui demeurent jusqu'à ce jour les plus sanglants de l'occupation, laissèrent présager de la répression qui s'ensuivrait. Ils donnèrent le signal d'une première vague d'un départ pour l'exil qui obligeait à laisser derrière soi sa maison, sa famille, ses amis, la plupart de ses biens, pour suivre son chef spirituel et politique vers un avenir incertain.

Le dalaï-lama était arrivé en Inde le 31 mars 1959 et avait été escorté jusqu'à Mussoorie où il devait passer sa première année d'exil. Bientôt l'on apprit que des centaines de Tibétains arrivaient en Inde, au Népal et au Boutan, porteurs des terribles témoignages sur la bataille de Lhassa. Surpris par le flux de réfugiés, le gouvernement indien s'empressa néanmoins de construire des camps de transit à Missamari et Buxa Duar pour les héberger en attendant de s'organiser.

Jusque-là partisan d'un arrangement avec la Chine, mais désormais conscient que l'invasion chinoise visait à éradiquer la civilisation tibétaine, Nehru refusa de refouler les exilés, en dépit des critiques de son gouvernement. Politiquement en difficulté et peu disposé à affronter son puissant voisin, il resta néanmoins fidèle à ses principes

Ci-contre : quelques-uns des tout premiers réfugiés tibétains arrivés en Inde, en 1959.

humanitaires et aida les exilés tibétains de son mieux. Il y eut de nombreux morts sur le chemin de l'exil. Les soldats chinois tuaient généralement ceux qu'ils interceptaient. Le parcours périlleux qui obligeait à traverser des cols à très haute altitude en progressant dans le vent glacial, avec de la neige jusqu'aux genoux, fut fatal à plus d'un, surtout parmi les enfants et les vieillards. D'autres atteignirent l'Inde à bout de forces et ne survécurent que quelques jours ou quelques semaines, le désespoir et le chagrin ayant aggravé leur condition physique. Les réfugiés étaient des orphelins, des mères qui avaient perdu un ou plusieurs enfants, des hommes qui avaient dirigé la révolte contre les Chinois et qui, craignant des représailles, avaient fui en laissant leur famille derrière eux.

Ci-dessus : un représentant du gouvernement indien accueillant le dalaï-lama à un poste de l'armée dans l'Assam, en 1959.

Les Tibétains sont un peuple vigoureux, mais leur vie sur « le toit du monde » ne les avait préparés ni à s'adapter à un climat de basse altitude ni à réagir à certaines maladies. Par conséquent, ils furent nombreux à succomber, atteints de tuberculose, de problèmes digestifs dus à une alimentation inhabituelle et aggravés par la malnutrition, ou incapables de supporter les chaleurs humides de l'Inde à l'approche de l'été. Leurs vêtements, lourds et chauds, faits pour le climat tibétain et leur longue marche en montagne, constituaient aussi un problème dramatique.

Dès juin 1959, il y avait plus de vingt mille réfugiés tibétains en Inde et chaque jour leur nombre augmentait. Le dalaï-lama rencontra Nehru à Dehli afin d'établir une stratégie d'accueil, étant donné que les camps de transit ne suffisaient plus à héberger les réfugiés et que tous souf-

fraient de l'écrasante chaleur humide. Récemment constitué, le gouvernement tibétain en exil – Kashag –, bien qu'officiellement non reconnu par l'Inde, avait déjà envisagé avec des représentants du gouvernement indien d'employer des réfugiés à la construction de routes, en altitude, dans le nord du pays. Ce devait être une façon de soulager les réfugiés de la chaleur accablante tout en leur procurant un revenu minimum.

L'ADAPTATION À LA VIE EN INDE

> *Enfants, femmes et hommes formaient des groupes qui travaillaient côte à côte ; anciens fermiers, moines, nonnes, officiels, tous étaient mélangés. Le jour ils effectuaient un dur labeur physique, sous un soleil de plomb, et la nuit ils s'entassaient sous des tentes minuscules.*
>
> LE QUATORZIÈME DALAÏ-LAMA

Au centre : ***réfugiés tibétains construisant la route de Leh dans la vallée de Kulu, nord de l'Inde.***

Cette vie était dure et remplie de dangers, et le pénible labeur fut fatal aux personnes qui étaient physiquement et psychologiquement affaiblies. Outre les risques inhérents à l'environnement (chutes de rochers, éboulis de pierres, à-pics vertigineux) comme à l'utilisation de la dynamite, le fait de côtoyer la population locale exposait les réfugiés à des maladies qu'ils n'avaient encore jamais eu à affronter, et les décès continuaient à survenir. Il devint aussi évident qu'il fallait songer à éduquer les enfants. « Vos enfants sont votre avenir », dit un jour Nehru au dalaï-lama.

Nehru s'intéressa personnellement à la création d'écoles réservées aux enfants tibétains, en

Ci-dessous : ***le dalaï-lama (au centre) rencontrant le pandit Nehru (à gauche), en 1956.***

assurant le dalaï-lama du financement par le gouvernement indien de ce programme éducatif. Ces écoles devaient permettre à la fois de préserver la culture tibétaine et de faire entrer les petits réfugiés dans le monde moderne et international. Dans cette optique, on allait leur enseigner l'anglais et se servir de cette langue pour l'enseignement des autres matières. Des familles déjà disloquées acceptèrent de nouvelles séparations, conscientes de la nécessité d'éduquer leurs enfants et de préserver leur héritage culturel, et cinquante enfants furent envoyés vers une nouvelle vie à Mussoorie, où la première école pour les jeunes réfugiés vit le jour.

En septembre 1959, on comptait en Inde près de trente mille réfugiés tibétains et une autre urgence venait de s'imposer. Parmi les exilés, il y avait de nombreux moines et grands lamas, premières cibles des persécutions religieuses. On les voyait arriver, chargés d'autant de textes sacrés qu'ils avaient pu en emporter, soucieux de les soustraire à la destruction. Mais, alors qu'il fallait aussi se préoccuper de transmettre l'enseignement bouddhiste, moines et lamas mouraient de maladie ou étaient envoyés, comme tout le monde, construire des routes.

*À droite : **renouvellement des drapeaux de prières à l'occasion du Losar, le nouvel an tibétain.***

*Ci-dessous : **l'un des premiers camps de réfugiés à Delhi, 1959.***

> *Nous étions avides de sauver notre religion, mais quelques années suffirent pour que, devant le nombre de moines qui avaient disparu, ceux qui restaient se demandent s'ils sortiraient un jour vivants de ces lieux.*
>
> KHENTRUL RIMPOCHÉ

La propagation du bouddhisme tibétain repose en grande partie sur la relation particulière – ou dévotion au gourou – qui existe entre le maître spirituel et ses disciples, ce qui sous-entend un enseignement oral avant tout. Ainsi donc, chaque fois qu'un lama mourait, c'était un peu de la sagesse bouddhiste qui disparaissait avec lui, et le dalaï-lama en vint à suggérer que les grands lamas pussent faire autre chose que construire des routes, travail particulièrement difficile pour ceux qui n'étaient pas habitués aux tâches « laïques ».

Le cœur même de la culture tibétaine était en péril et il fallait immédiatement trouver une solution. Nehru sollicita alors des donations de terrains auprès des États indiens afin de permettre aux Tibétains d'installer leurs propres communautés. Le Karnataka fut le premier à répondre à l'appel de Nehru. Il offrit 12 kilomètres carrés de terres, près de Mysore. Mais, bien que généreux, ce cadeau créa des difficultés. La région connaissait des températures plus élevées que dans les camps de transit et se trouvait très éloignée de Dharamsala où le dalaï-lama devait s'installer. Le terrain lui-même, boisé, jamais habité ni cultivé, contraindrait ceux qui s'y installeraient à de lourds travaux d'aménagement.

Toutefois, le dalaï-lama accepta l'offre en exprimant sa reconnaissance, conscient que tout espoir d'un retour

En haut à gauche :
un Tibétain en costume traditionnel. Tibet central, 1933.

En haut à droite :
réfugiés dans un camp. Manali, nord de l'Inde, 1970.

Ci-contre :
séchage du maïs. Manipat, Inde.

Au centre : une petite Tibétaine portant un autre enfant de la famille. Vallée de Kulu, nord de l'Inde, 1970.

En haut à gauche : vieille femme tibétaine devant sa maison, dans un camp de réfugiés. Nord de l'Inde, 1995.

En haut à droite : réfugié tibétain à Manali. Nord de l'Inde, 1970.
Ci-contre : enfants tibétains. Vallée de Kulu, 1970.

imminent au Tibet était perdu. Chaque nouveau réfugié apportait son témoignage d'une répression de plus en plus violente. Les Chinois n'avaient visiblement aucune intention de se retirer du Tibet.

Admis, à défaut d'être encouragés, par Nehru, les appels à l'aide du dalaï-lama auprès des autres nations ne rencontraient guère que des manifestations de bonne volonté. Aucun gouvernement de premier plan ne voulait soulever la question du Tibet, bien que la violation des droits de l'homme par la Chine au Tibet fût déjà dénoncée au plan international. En conséquence, le dalaï-lama comprit qu'il fallait s'attacher avant tout à préserver et à consolider dans l'exil la culture et la religion de son peuple.

Moines mangeant du riz, au cours d'une pause pendant les enseignements, à Dharamsala.

L'HISTOIRE D'UNE RÉUSSITE

Parmi les six cent soixante-six Tibétains qui arrivèrent à Bylakuppe, au sud de l'Inde, en décembre 1960, beaucoup éclatèrent en sanglots. Après leur avoir donné des tentes et quelques outils, on les laissa s'attaquer à la jungle qu'ils devaient transformer en villages et en cultures. L'indomptable esprit tibétain, soutenu par les encouragements du dalaï-lama, allait relever le défi. Mais les deux premières années furent particulièrement difficiles à cause des incendies dont la fumée rendait l'air irrespirable et dont la chaleur augmentait encore celle du climat. Le danger venait aussi des animaux sauvages, et tout spécialement des éléphants qui saccageaient régulièrement les installations du camp.

Tous les six mois, cinq cents réfugiés supplémentaires étaient envoyés à Bylakuppe. En dépit des nombreux décès, la population du camp augmenta régulièrement. En 1962, les premiers bâtiments étaient achevés ; environ dix ans plus tard, vingt villages et six monastères avaient été construits, abritant dix mille personnes. Si le programme agricole connut des échecs en raison de l'inadaptation des exilés au sol et au climat, peu à peu, avec l'habitude et l'aide de techniciens étrangers, les Tibétains apprirent à cultiver le maïs et le ragi (autre céréale) à la place de l'orge traditionnelle. Laiteries et vergers se développèrent. En revanche, les tentatives d'élevage échouèrent parce que les Tibétains restaient attachés au respect de toute vie – animale autant qu'humaine – que le bouddhisme considère comme sacrée.

> *Je me souviens très bien que lors de ma première visite à Bylakuppe, j'ai entendu s'exprimer beaucoup de désarroi dû au fait que les incendies causaient la mort d'une myriade de petites bêtes et d'insectes. Pour des bouddhistes, c'était une chose terrible, étant donné que nous croyons que toute vie, et pas seulement la vie humaine, est sacrée.*
>
> LE QUATORZIÈME DALAÏ-LAMA

Au fil des années, d'autres camps de réfugiés, dans le Kalimpong, l'Orissa et l'Arunachal Pradesh, ont été installés et se sont développés. On y a vu apparaître, grâce à une aide étrangère, comme à Bylakuppe, diverses coopératives, permettant en particulier le tissage des tapis, un art traditionnel tibétain. Mais les exilés se sont également intégrés dans la communauté indienne locale en se lançant dans la fabrication de tracteurs et d'autres engins mécaniques. Leur volonté de survivre se manifeste parfaitement dans le fait qu'en six ans Bylakuppe a réussi à équilibrer le budget de sa coopérative et, au bout de dix ans, à enregistrer quelques bénéfices.

UNE NOUVELLE COMMUNAUTÉ

Le 30 avril 1960, le dalaï-lama arriva avec son entourage dans sa nouvelle résidence, à Dharamsala, ou plus précisément à McLeod Ganj, petit village situé à environ un kilomètre et demi au-dessus de Dharamsala. McLeod Ganj était autrefois pour les Britanniques un lieu de villégiature estivale qui leur permettait d'échapper à la chaleur des plaines. Le village s'adosse aux contreforts de l'Himalaya et, par temps clair, la vue sur les vallées ou sur les sommets enneigés est magnifique.

> *Il était très tard lorsque nous sommes arrivés et je n'ai pas pu voir grand-chose. Le lendemain matin, quand je me suis réveillé, j'ai commencé par entendre le chant d'un oiseau, que l'on ne trouve qu'ici, comme je l'ai découvert plus tard... J'ai regardé par la fenêtre pour essayer de l'apercevoir, mais en vain. En revanche, une vue magnifique sur les montagnes m'attendait.*
>
> LE QUATORZIÈME DALAÏ-LAMA

Ce spectacle familier et réconfortant constitua un accueil engageant, un signe de bienvenue dans ce village où le dalaï-lama réside encore aujourd'hui.

Le dalaï-lama donnant un enseignement dans son monastère de Dharamsala.

Au fil des ans, McLeod Ganj et ses alentours sont devenus un « petit Tibet » où vivent plus de cinq mille Tibétains. Le gouvernement tibétain en exil dispose d'un ensemble de bâtiments qui abrite les bureaux de ses différents services, juste à côté de la Bibliothèque des œuvres et des archives tibétaines, où l'on trouve à la fois des milliers de textes sacrés, des publications réalisées sur place et quelques trésors inestimables sauvés de la destruction et passés secrètement de ce côté-ci de la frontière pour y être mis à l'abri. En même temps, on y enseigne le bouddhisme tibétain aux Occidentaux qui viennent chaque année de plus en plus nombreux.

Il y a aussi plusieurs monastères pour moines ou nonnes à McLeod Ganj, ainsi que l'Institut de médecine et d'astrologie où l'on peut consulter des médecins tibétains ou acheter des produits de la médecine tibétaine traditionnelle. Les deux rues principales sont bordées de petites boutiques, à

l'arrière desquelles l'on trouve souvent un atelier d'artisanat. Tapis, sacs, bijoux et autres objets tibétains et bouddhiques sont proposés aux touristes qui disposent d'un vaste choix d'hôtels et de restaurants et peuvent assister à des spectacles folkloriques, écouter de la musique et des chants grâce à l'Institut tibétain des arts du spectacle. Non loin, en contrebas de McLeod Ganj, se trouve le Norbulingka, où de jeunes Tibétains apprennent des arts traditionnels comme celui du *thangka*, peinture d'inspiration bouddhiste sur tissu bordé d'un brocart de soie.

Mais tout cela n'est qu'une vitrine, et si l'on regarde au-delà on découvre bien autre chose. Souvent de jeunes moines, de jeunes nonnes, des enfants abordent les touristes en leur demandant de les parrainer. Plus l'on s'éloigne des rues principales, plus les maisons sont misérables, et le village des enfants tibétains – une réussite des premiers jours – ne peut plus accueillir tous les enfants tibétains. Certains jeunes, qui ne connaissent même pas leur pays, ont perdu l'espoir d'y aller un jour. Partout, des affiches ou des bannières réclament la libération du Tibet, mais bien des Tibétains se sont déjà résignés à rester en Inde. Aujourd'hui, cent mille réfugiés tibétains vivent hors de leur pays.

On imagine à quel point la vie d'un réfugié qui a dû fuir son pays est difficile. Mais la nouvelle génération, née à l'étranger, rencontre aussi ses problèmes. Le taux de chômage est élevé parmi les jeunes diplômés qui ne veulent pas se contenter de faire de l'artisanat et trouvent très peu de débouchés. Certains bénéficient de parrainages qui leur permettent de s'en sortir, mais en suscitant un mélange de gratitude et de ressentiment.

Des jeunes gens circulent à moto, queue de cheval au vent, leur petite amie à l'arrière, comme bien des jeunes en Occident. Cependant, ici, les garçons sont tibétains, et les filles souvent occidentales. La drogue commence en même temps à devenir un phénomène social et la situation rappelle

les années soixante. À l'instar des jeunes Européens et Américains qui se rebellaient contre une société trop contraignante, la jeunesse tibétaine d'aujourd'hui se sent à son tour limitée et aliénée, parce qu'elle est contrainte de vivre dans un pays qui n'est pas le sien.

Et cette jeunesse-là ne se sent nullement concernée par l'image extrêmement romantique que les Occidentaux ont souvent du peuple tibétain.

Ci-dessus : ***tibétains faisant tourner des moulins à prières à McLeod Ganj.***
À gauche : ***l'oracle de Nechung aux fêtes du Monlam, au monastère de Drepung.***

L'HISTOIRE DE TSERING

Mais certains jeunes manifestent un optimisme tranquille. Tsering a 26 ans. Il est né dans l'Amdo et il a réussi à fuir le Tibet, en 1992, après une première tentative ratée. Ayant obtenu les papiers qui lui permettaient d'aller jusqu'à Lhassa, il avait mis le cap sur la frontière, en marchant ou en faisant du stop. Mais des gardes chinois l'avaient arrêté près d'un célèbre *stupa* (reliquaire bouddhique) et, conscient des représailles qu'il encourait s'il révélait sa destination, Tsering avait inventé une histoire.

J'ai raconté que je n'étais pas éduqué, que je n'étais pas un moine, mais un simple fermier. Comme le stupa *est connu, que tout le monde sait que l'on vient y faire des circumambulations pour s'assurer une bonne réincarnation et se débarrasser de ses problèmes dans cette vie, j'ai prétendu que j'étais un être très simple qui était seulement venu là pour ça. J'ai eu de la chance. Ils m'ont cru. Ils m'ont simplement pris mon argent et m'ont mis en prison pendant trois jours avant de me reconduire à Lhassa.*

Nullement découragé, Tsering fit une seconde tentative, cette fois-ci avec un ami qui avait de l'argent et un permis qui leur permettrait de s'approcher de la frontière. Ils marchèrent pendant sept jours jusqu'à un endroit isolé d'où ils pourraient franchir la frontière et passer au Népal. Mais, là, ils tombèrent sur des voleurs.

C'étaient de gentils voleurs qui ne voulaient pas nous tuer. Mon ami avait caché un peu d'argent dans sa chaussure – on savait que l'on risquait de rencontrer des voleurs dans le coin – mais ils lui ont pris tout le reste et aussi ses bijoux. Moi, je n'avais pas d'argent puisque les gardes m'avaient déjà tout pris. Nous avons continué à marcher. Et puis on a commencé à voir des arbres qu'on ne connaissait pas, et on a compris qu'on était au Népal. J'ai éprouvé une grande joie.

Au bout de quelques mois, Tsering quitta le Népal pour venir à McLeod Ganj. En découvrant que l'école qui accueillait les nouveaux réfugiés n'avait pas de salles et que la classe se faisait sur l'herbe, il se débrouilla pour trouver un emploi intéressant dans le bureau d'une association allemande. (Il était plus facile pour un jeune Tibétain éduqué de trouver un travail en 1992 qu'aujourd'hui.)

Maintenant, j'ai une pièce à moi, un travail et je suis heureux. Je peux faire et dire ce que je veux. Au Tibet, un bureaucrate chinois m'avait dit que je n'avais même pas le droit d'écouter la radio. C'est à ce moment-là que j'avais décidé de partir. Ma famille me manque, mais je lui écris et mes parents sont heureux que je sois ici et que j'aie une nouvelle vie. J'aimerais faire des progrès en anglais et essayer de travailler comme chercheur et traducteur. Je ne veux pas être parrainé. J'ai constaté que le parrainage peut rendre les gens trop gourmands. J'ai un ami qui avait deux parrains qui se sont un jour rencontrés par hasard. Très embarrassant ! Je pense que la religion étant l'âme du peuple tibétain, il nous est probablement impossible de la séparer de la politique. À mon avis, dans dix ou vingt ans, les Chinois auront fait disparaître du Tibet presque toute la culture et la religion.

Néanmoins, Tsering sourit, rit, ne trahit ni amertume ni ressentiment en me racontant tout cela entre deux gorgées de thé. Il accepte ce qui est arrivé, prend la situation comme elle est et se débrouille de son mieux. Quand nous avons redescendu la rue ensemble, j'ai constaté qu'il connaissait la plupart des gens que nous croisions, aussi bien les Occidentaux que les Tibétains, et à plusieurs reprises il s'est arrêté pour échanger quelques mots. Il est ouvert, charmant, mais modeste. Quand je lui ai dit que j'écrivais un livre et que j'aimerais parler de son histoire, il m'en a donné l'autorisation, tout en se demandant si elle était vraiment digne d'intérêt et en me faisant remarquer que d'autres personnes pourraient me raconter des histoires bien plus intéressantes. Il n'est pas impossible que les Chinois parviennent à éradiquer totalement l'ancien mode de vie du Tibet, mais il y aura toujours des gens comme Tsering pour continuer à faire vivre l'esprit du peuple tibétain.

LA SITUATION ACTUELLE

En dehors de l'Inde, quelques pays ont accueilli des communautés tibétaines – beaucoup plus réduites. C'est le cas, par exemple, de la Suisse qui héberge la communauté tibétaine sans doute la plus prospère et qui a, dans les années soixante, trouvé des familles d'adoption pour des orphelins tibétains. Les États-Unis ont organisé une loterie qui a permis l'accueil d'un millier de Tibétains. Après quelques difficultés d'adaptation à une société si différente de celle du Tibet, cette initiative s'est révélée un succès. Les premiers réfugiés ont pu être rejoints par leurs parents proches et par d'autres groupes d'exilés. L'accroissement de popularité du bouddhisme tibétain a, par ailleurs, permis dans plusieurs pays la création de centres bouddhistes avec au moins un lama à demeure dans chaque centre.

Dans le sud de l'Inde, les premiers camps de réfugiés continuent d'exister en offrant aujourd'hui des conditions de vie moins rudes et les trois grands monastères de Ganden, Drepung et Sera ont été recréés, les deux premiers à Mundgod et le troisième à Bylakuppe. Des milliers de jeunes moines y étudient sous la direction des derniers grands maîtres ayant vécu au Tibet et échappé aux massacres, et il semble que les monastères ne seront pas désertés de sitôt, en dépit des attraits des modes de vie indien ou occidental. Ils sont entourés de villages où fermiers, tisseuses de tapis, commerçants et écoliers vivent et travaillent.

Bien que ces camps de réfugiés soient situés à l'écart des circuits touristiques et ne puissent être visités sans un permis délivré par le gouvernement indien, ils ne sont pas inaccessibles. Participer à une cérémonie bouddhiste, qui commence à l'aube et dure des heures, permet de se faire idée de la vie monacale chez les Tibétains. Assis parmi une multitude de moines en robe bordeaux, entourés d'imposantes statues dorées du Bouddha et de bodhisattva (équivalents des saints du christianisme), vous écoutez résonner les chants sacrés millénaires, tandis que des moinillons passent avec du thé tibétain dans de grandes théières et des galettes de pain, qui sont consommés joyeusement pendant la cérémonie. Ce rituel sans âge, par son intemporalité même, permet à l'esprit du Tibet de survivre en terre étrangère.

Page de gauche : ***foule tibétaine regardant un spectacle de rue à Dharamsala.***

À gauche : ***moines tibétains assis sur une moto. Dharamsala, 1997.***

Ci-dessous : ***moines jouant au Frisbee, près de Rumtek, au Sikkim.***

TIBET LIBRE !

L'un des principaux sujets de préoccupation du dalaï-lama est évidemment l'occupation du Tibet par la Chine. Les textes qui suivent sont extraits des nombreux discours, conférences de presse, interviews ou conférences publiques au cours desquels le dalaï-lama a parlé de la situation du Tibet à son auditoire.

AU PEUPLE TIBÉTAIN

En général, les meilleures leçons sont celles que l'on tire de ses épreuves. Par conséquent, depuis l'occupation chinoise nous avons beaucoup appris. Les Chinois nous ont causé d'énormes difficultés, mais la doctrine du Mahayana nous enseigne avant tout qu'il ne sert à rien de vouloir se venger. Les Tibétains qui comprennent cette recommandation ne peuvent éprouver de mauvais sentiments à l'égard de la Chine. J'avais l'habitude de dire que la Chine a mangé le Tibet, mais n'a pas pu le digérer. Cela semble encore vrai aujourd'hui.

LE TIBET SUR LA SCÈNE INTERNATIONALE

En premier lieu, nous avons besoin d'acquérir le sens de la responsabilité globale. Les temps changent sans cesse, et cela est particulièrement vrai sur le plan économique. Par nature, les réalités actuelles sont étroitement interdépendantes, et des liens tout aussi étroits existent entre le comportement humain et l'écologie. Chaque pays dépend de son voisin. La distinction entre le « nous » et le « ils » est déjà, me semble-t-il, dépassée.

L'esprit de non-violence est tout à fait approprié aujourd'hui à la résolution des conflits et je considère que l'action non-violente manifeste et exprime la compassion. On ne doit pas la considérer comme un signe de faiblesse, mais au contraire comme une force. Tant que l'intelligence humaine existera, il y aura des contradictions et, logiquement, la meilleure façon de les résoudre passe par l'action non-violente et le dialogue.

Le Tibet a encore besoin de se développer, mais il ne peut pas le faire seul. En conséquence, si nous nous joignons en partie à une autre grande nation, il est possible que nous obtenions de meilleurs résultats. Dans cette optique, je suis prêt à entreprendre des pourparlers et à négocier avec le gouvernement chinois, sans poser aucune condition préalable, dès qu'il manifestera des intentions positives. J'en appelle à vous en vous demandant, s'il vous plaît, de nous aider.

J'apprécie vraiment le travail des médias qui nous apportent un réel soutien… Vous analysez les faits à partir de différentes sources, puis vous arrivez à la conclusion que la situation n'est pas aussi bonne que le prétend le gouvernement chinois. Vous menez de véritables investigations, et je considère qu'il s'agit là de justice et non d'un comportement protibétain.

Je crois que ce n'est plus qu'une question de temps avant que le problème tibétain soit résolu. Les choses vont changer. En attendant, je vais continuer à manifester un certain entêtement… Il faut dire aussi que, depuis quelque temps, des artistes, des écrivains, des intellectuels et des étudiants chinois comprennent ce qui se passe et critiquent la politique de leur gouvernement. Il y a une plus grande conscience des erreurs de la politique chinoise. Certains, comme les Chinois impliqués dans le mouvement démocratique, sont sincèrement préoccupés par notre situation et nous manifestent leur solidarité. Cela, je pense, est particulièrement encourageant.

CONFÉRENCE DE PRESSE, LONDRES, JUILLET 1996

En haut à gauche : manifestation devant l'ambassade de Chine, à Londres. L'affiche montre Yulu Dawa Tsering, un moine emprisonné par les Chinois.

En haut à droite : inscriptions peintes sur une roche.

Extrême gauche et ci-dessus : manifestants devant l'ambassade de Chine, à Londres.

Ci-contre : Tibétaine brandissant un panneau « Tibet libre ».

TIBET LIBRE !

PROTECTION DE LA CULTURE, DE L'ÉCONOMIE ET DE L'ENVIRONNEMENT DU TIBET

Mon principal but est de préserver la culture tibétaine. Si le Tibet reste divisé en régions séparées et si l'héritage culturel de ces régions est assimilé à la culture chinoise, alors il n'y a plus d'espoir. La culture bouddhiste tibétaine a tout le potentiel nécessaire à la création d'une communauté humaine pacifique, et pas uniquement au Tibet. Déjà la culture bouddhiste aide les anciennes républiques soviétiques, Bouriatie, Kalmoukie et Touva, à renaître. Historiquement, les populations de ces territoires ont toujours été bouddhistes, mais leur culture avait pratiquement disparu.

C'est en Chine que le bouddhisme tibétain peut le plus largement bénéficier à une population. Un lama de l'Amdo qui vit à Pékin enseigne le bouddhisme à des groupes restreints, certes, mais depuis déjà dix ou quinze ans. Récemment, un journaliste chinois m'a apporté la photo d'un officier supérieur chinois qui méditait en grand uniforme avec beaucoup de sérieux. Cela laisse présager que lorsque la Chine sera plus ouverte, plus libre, de nombreux Chinois trouveront dans la tradition bouddhiste tibétaine une source d'inspiration.

Certains spécialistes de l'environnement estiment que l'écologie et le climat du plateau tibétain sont des facteurs déterminants pour le déroulement normal de la mousson sur les terres entourant l'Himalaya. Une exploitation anarchique du sous-sol et une déforestation massive conduisent à une forte érosion du sol. Il y a aussi le problème du déchargement des déchets nucléaires. Il entraîne un danger de contamination des plus grands fleuves de cette partie du monde : le Gange, le Brahmapoutre, le fleuve Jaune, le Yang-tseu-kiang, le Mékong, qui tous prennent leur source au Tibet. Par conséquent, ce qui se passe sur le toit du monde affecte une vaste zone dans l'Est, le Sud-Est et le Sud asiatiques. Selon les écologistes, l'environnement à haute altitude et sous un climat sec est plus fragile qu'ailleurs, et, une fois qu'il est perturbé, la récupération est plus longue. Les problèmes d'écologie au Tibet sont à prendre très, très au sérieux. Et pour certaines personnes c'est donc aussi un sujet de grande préoccupation.

Nous avons vraiment besoin de prendre en main nos propres affaires. Il est essentiel pour les Tibétains d'être pleinement responsables de leur environnement, de la protection de leurs ressources et de sauvegarder les intérêts des travailleurs, des nomades et des fermiers tibétains. Les Chinois n'ont de cesse de réaliser des profits immédiats, sans se soucier des conséquences subies par l'environnement. Ils n'ont malheureusement d'autre but que de s'enrichir le plus rapidement possible et ne se préoccupent pas de savoir si les Tibétains bénéficient ou non de leurs activités.

Il est donc important que la responsabilité du développement du Tibet revienne aux Tibétains eux-mêmes. Ce sont eux qui doivent pouvoir assurer la protection de la culture, de l'économie et de l'environnement du Tibet. Dans d'autres domaines, comme celui des Affaires étrangères et de la Défense nationale, nous ne sommes peut-être pas en mesure d'agir seuls. En ayant le bouddhisme au cœur de notre vie, nous avons laissé le pays se démilitariser pendant deux siècles. Alors il serait maintenant plus pratique pour nous d'abandonner au gouvernement chinois ce genre de responsabilités.

Propos recueillis par Robert Thurman

Ci-dessus : manifestation devant l'ambassade de Chine, à Londres.

En haut à gauche : soldat chinois plantant le drapeau chinois au Tibet, 1986.

Au centre : « Visualisez la paix au Tibet. » Dharamsala, 1997.

Ci-contre: moines priant pendant une manifestation commémorant l'insurrection tibétaine.

4

Le dalaï-lama, chef spirituel et responsable politique des Tibétains

Dès le début j'ai été préparé à assumer, le moment venu, un rôle de dirigeant politique, en plus de mon rôle de chef spirituel du Tibet.

LE QUATORZIÈME DALAÏ-LAMA

À droite : le dalaï-lama à un rassemblement de lamas, à Varanasi, nord de l'Inde.

Ci-contre : le dalaï-lama construisant un mandala de Kalachakra en sable. Bodhgaya, nord de l'Inde.

L'idée d'un roi ou d'une reine gouvernant un pays, c'est, pour les Européens, quelque chose d'anachronique, et, pour les Américains, une expérience inconnue. Pour les Tibétains, en revanche, le dalaï-lama est naturellement un moine-roi, un chef spirituel qui est en même temps leur leader politique. L'actuel dalaï-lama, le quatorzième de la lignée, conscient des dangers et de l'attitude antidémocratique que risque d'engendrer cette situation, a songé à réduire son influence politique. L'opposition qu'il a alors rencontrée dans son peuple a ceci de remarquable qu'elle tient beaucoup plus au respect de l'histoire et des traditions du Tibet qu'à un manque de respect de la démocratie.

Avant que fût institué le rôle des dalaï-lamas, le Tibet avait vu alterner les périodes de stabilité – sous un gouvernement tantôt bienveillant, tantôt exploiteur du peuple – et des phases de conflits internes (entre deux factions rivales) ou externes (invasions mongoles ou chinoises). Avec ses trois grandes provinces et ses quatre écoles de bouddhisme, le Tibet avait suscité des alliances diverses entre les lamas et les dirigeants laïcs. Les factions qui se formaient pour prendre le pouvoir parvenaient à leurs fins, parfois seules, parfois grâce à une aide extérieure.

À la fin du XIVe siècle, l'enseignement d'un moine remarquable, Tsong Khapa, attira un grand nombre de

disciples et donna ainsi naissance à une nouvelle école bouddhique. Mettant l'accent sur les vertus éthiques du bouddhisme et la pureté doctrinale des enseignements du grand maître indien du XIe siècle, Atisha, ce nouvel ordre prit le nom de *geluk* (« ordre vertueux ») et s'opposa, par sa rigueur morale, aux autres traditions bouddhistes qui, d'une façon générale, s'étaient égarées dans l'arène politique et sa corruption.

La renaissance de l'idéologie bouddhiste se révélant solide et durable, la responsabilité du mouvement fut transmise à Gendun Drup, neveu de Tsong Khapa. Gendun Drup devait déclarer qu'il aurait une renaissance tibétaine après sa mort. Il indiqua alors à quels indices il faudrait se fier pour trouver son successeur.

Ce successeur s'appela Gendun Gyatso et fut suivi de Sonam Gyatso. Tous deux permirent à la tradition qu'ils représentaient de se développer. Les Mongols, toujours attentifs aux jeux politiques de leurs voisins, remarquèrent l'ascendant que prenaient les *gelukpa* au Tibet et Altan khan, leur chef, souhaita rencontrer Sonam Gyatso. Impressionné par la pureté du maître bouddhiste, le chef mongol lui donna le titre de dalaï-lama et encouragea son propre peuple à se convertir au bouddhisme.

Dalaï, en mongol, signifie « océan ». *Lama* est l'équivalent tibétain de « maître spirituel ». D'où la traduction habituelle – mais légèrement embellie – de *dalaï-lama* par « océan de sagesse ». Les dalaï-lamas sont par ailleurs considérés comme l'émanation de Chenrézi, le Bouddha de la compassion, donc comme l'incarnation de l'idéal spirituel de la compassion. En conférant, rétroactivement, le titre de dalaï-lama aux deux prédécesseurs de Sonam Gyatso, Altan khan établit la tradition qui perdure aujourd'hui.

Les dalaï-lamas se succèdent à eux-mêmes en se réincarnant, comme tous les grands maîtres qui ont atteint la réalisation et dont on appelle les réincarnations des *toulkou*.

Quand un dalaï-lama meurt, son entourage devient attentif aux signes, aux présages et demande aux oracles de lui désigner les indices qui peuvent conduire à la découverte du prochain dalaï-lama.

Ce système a l'inconvénient de nécessiter une régence en attendant que le nouveau dalaï-lama soit en âge de gouverner. Les régences se sont révélées désastreuses pour la plupart des dalaï-lamas – dont plusieurs moururent avant de pouvoir gouverner –, à l'exception du cinquième, du treizième et de son successeur, l'actuel dalaï-lama.

UNE NOUVELLE FORME DE GOUVERNEMENT

Le dalaï-lama et son cabinet – le Kashag – représentent le pivot du gouvernement tibétain en exil, constitué, en outre, de différents départements et bureaux et d'une commission élue. Au cours des années d'exil, ce système a subi peu de modifications. Mais, aujourd'hui, il existe un Congrès de la jeunesse tibétaine qui fonctionne comme une sorte de parti « d'opposition loyale ».

Parmi les jeunes Tibétains nés en exil, nombreux sont ceux qui expriment des points de vue modernes et radicaux constituant autant de contrepoints très utiles aux prises de position du cabinet officiel. Une communication a été officiellement établie entre ces jeunes et le cabinet et fortement encouragée par le dalaï-lama. C'est donc ensemble qu'ils mènent les affaires d'un gouvernement qui pour l'instant n'a été reconnu que par deux petits pays, mais fonctionne comme n'importe quel autre gouvernement. L'enthousiasme du dalaï-lama pour le système démocratique a conduit aux toutes premières élections tibétaines, en 1960, peu après l'arrivée des exilés à Dharamsala, et avant même que le texte de leur constitution fût achevé. Les Tibétains trouvèrent bien étrange cette expérience qui était pour eux sans précédent.

LISTE DES QUATORZE DALAÏ-LAMAS

~

1	Gendun Drup	1391 - 1474
2	Gendun Gyatso	1476 - 1542
3	Sonam Gyatso	1543 - 1588
4	Yonten Gyatso	1589 - 1616
5	Ngawang Losang Gyatso	1617 - 1682
6	Tsangyang Gyatso	1683 - 1706
7	Kelsang Gyatso	1708 - 1757
8	Jampel Gyatso	1758 - 1804
9	Lungtog Gyatso	1805 - 1815
10	Tsultrim Gyatso	1816 - 1837
11	Khedrup Gyatso	1838 - 1855
12	Trinle Gyatso	1856 - 1875
13	Tubten Gyatso	1876 - 1933
14	Tenzin Gyatso	1935 -

Page de gauche : le dalaï-lama à dos d'éléphant, à Bodhgaya.

Page de droite : le dalaï-lama et le père Lawrence Freeman à une rencontre entre bouddhistes et chrétiens. Angleterre, 1995.

Ci-dessous : en conversation avec l'ancien archevêque de Canterbury, Robert Runcie. Londres, 1989.

Les gens se rendent sous la tente qui abrite les urnes et font une prière en pensant au dalaï-lama. « Je ne connais aucun de ces candidats. Puissé-je choisir celui qui aidera le dalaï-lama et son peuple. » Puis chacun pose, au hasard, un doigt sur un nom et demande à l'officier présent : « Tu peux me dire quel nom j'ai pointé ? »

LODI GYARI, 1975

Un an plus tard, quand le texte de la constitution fut présenté aux Tibétains, l'une de ses clauses provoqua de sérieux remous en stipulant qu'une procédure de destitution pourrait être entamée contre le dalaï-lama, si elle était jugée nécessaire par une majorité de deux tiers des votants. Que

le dalaï-lama pût envisager pour lui-même ou son successeur une réduction de ses pouvoirs représentait un aspect de la démocratie difficile à accepter par la plupart des Tibétains. Il fallut beaucoup de persuasion de la part du dalaï-lama pour que la constitution fût finalement ratifiée. La foi et la confiance que les Tibétains ont en leur leader rendent très improbable l'utilisation du recours qui leur est accordé, mais le simple fait qu'il existe est important quand il s'agit d'instaurer une authentique démocratie.

UN RÔLE TRÈS MODERNE

En raison de l'intérêt suscité par le bouddhisme tibétain à travers le monde, la présence du dalaï-lama est constamment sollicitée dans un pays ou un autre. Ses interventions à l'occasion de conférences sur la science, l'écologie, ou de rencontres interreligieuses sont toujours chaleureusement accueillies.

Le dalaï-lama ne manque pas une occasion d'exposer la situation tragique du Tibet victime de l'occupation chinoise. Mais il lui est de plus en plus pénible de revenir parler de cette situation dans des pays où il a déjà demandé de l'aide quelques années plus tôt sans que rien – ou presque – n'ait changé entretemps. Il revoit les mêmes visages, empreints de la même bonne volonté, il entend se renouveler les promesses de soutien, mais personne n'est jamais en mesure de contraindre son gouvernement à entreprendre une action constructive. Les associations de soutien au Tibet organisent des manifestations, des concerts au bénéfice des réfugiés, font circuler des bulletins d'information, mais, au bout du compte, les retombées sont bien maigres. S'il arrive qu'une campagne pour la libération d'un prisonnier politique tibétain finisse par aboutir, ce n'est jamais qu'une goutte d'eau dans l'océan.

Peut-on espérer que le gouvernement travailliste récemment élu en Grande-Bretagne dénoncera le non-respect des droits de l'homme en Chine, étant donné l'engagement qu'il a pris, pendant la campagne électorale, d'insister sur le respect de ces droits dans le cadre de sa politique étrangère ? La rétrocession de Hong Kong à la Chine aura-t-elle sur cette politique un impact particulier du fait qu'elle n'a eu lieu que quelques mois après le retour au pouvoir des travaillistes ? Le président Clinton, pour sa part, avait laissé entendre qu'il manifesterait plus de fermeté à l'égard de la Chine, mais cela ne l'a pas empêché de lui renouveler son statut de « nation la plus favorisée » sans aucune négociation sur les droits de l'homme. Il est clair que l'occupation du Tibet par la Chine représente un problème politique délicat pour lequel il n'existe pas de solutions simples.

Tout cela n'empêche pas le dalaï-lama de rester impliqué dans la défense de la cause tibétaine. Il accepterait de discuter avec les Chinois, mais l'horizon semble bouché. Attristé et las, il n'en continue pas moins de parler de la situation de son pays avec autant de conviction que d'équanimité – voire d'humour – et, où qu'il aille, rallie son auditoire. Quand il donne un enseignement, une conférence ou prend la parole au cours d'un débat, il ne manque jamais de parler de la situation de son pays qu'il a sans cesse présente à l'esprit. Sa popularité en tant que figure internationale facilite son rôle de responsable politique.

Je continue d'espérer, et je prie pour que la vérité prévale enfin et que soient restaurés les droits historiques de mon peuple. Et à cette fin je réaffirme mon engagement dans cette lutte.

LE QUATORZIÈME DALAÏ-LAMA

Le dalaï-lama est un homme très occupé. Ce qui l'oblige à être souvent loin de chez lui, au grand regret des touristes qui se rendent à Dharamsala pour l'apercevoir. Quand il ne voyage pas, il n'en n'est pas moins très actif. Il reçoit des lamas, des moines, des membres de son gouvernement, donne des interviews et doit aussi se consacrer à ses pratiques spirituelles. Mais, en dépit de ses nombreuses activités, il

essaie toujours d'accueillir en personne tous les Tibétains qui arrivent à Dharamsala. Certains ne viennent pas en tant que réfugiés, mais pour voir leur famille, et retourneront au Tibet parce qu'ils veulent rester dans leur pays malgré l'occupation chinoise. Toutefois, les réfugiés continuent d'affluer en témoignant de la répression et de la pauvreté qui règnent de l'autre côté de la frontière.

C'est un spectacle émouvant que celui de ces longues files d'attente devant la résidence du dalaï-lama. Les gens patientent calmement, parfois semblent un peu perdus dans ce village qu'ils découvrent et où, pour la plupart, ils vont s'installer. Puis soudain c'est l'effervescence : le dalaï-lama vient d'apparaître et commence à prendre les mains qui se tendent vers lui et à bénir les nouveaux venus. Parfois il s'arrête un moment, écoute quelqu'un qui lui transmet des nouvelles du pays, puis va vers les personnes suivantes, accompagné par des cris et des exclamations de joie. Cela n'a rien d'une attraction touristique ou d'une campagne électorale, et généralement les non-Tibétains, qui ont vite l'impression d'être de simples voyeurs devant un événement privé, préfèrent s'éloigner.

Je fais en sorte d'accueillir personnellement tous les visiteurs et les réfugiés qui viennent du Tibet. Ces rencontres sont chaque fois pleines d'émotion. La plupart de ces gens sont tellement innocents, tellement démunis et souvent en haillons… Je leur demande toujours de me parler de la façon dont ils vivent et de leur famille. Immanquablement leurs larmes coulent quand ils me répondent – certains tout simplement s'effondrent en me relatant leur pitoyable histoire.

LE QUATORZIÈME DALAÏ-LAMA

L'espoir de retourner un jour dans un Tibet libéré continue d'habiter les rêves des exilés. Mais l'on n'entend plus, comme il y a quelques années, des rumeurs de retour imminent, et l'on n'aborde plus le sujet aussi fréquemment. En attendant, malgré un statut officiel de réfugiés, un gouvernement en exil non reconnu et un pays dont le droit à l'indépendance est bafoué, les Tibétains réussissent à survivre en exil et leur communauté compte même quelques éléments prospères. Le succès global de cette communauté n'est d'ailleurs pas toujours du goût de ses hôtes indiens, parfois bien plus pauvres qu'elle. Elle parvient également – et ce n'est pas rien – à sauvegarder pour l'essentiel son patrimoine culturel et spirituel.

Cette survie est en grande partie due à l'habileté du dalaï-lama et à sa stature internationale qui garantissent une aide mondiale aux exilés et une dénonciation du non-respect des droits de l'homme au Tibet. Bien qu'il ait démocratisé son gouvernement, le Tibétains continuent à le considérer comme un « dieu-roi » avec une foi et une dévotion intactes. Dans l'arène politique internationale, le dalaï-lama bénéficie d'un statut unique qui rend hommage au double rôle, spirituel et politique, qu'il joue de façon remarquable.

Le dalaï-lama recevant le prix Nobel de la paix. Stockholm, décembre 1989.

Le dalaï-lama dirigeant une cérémonie. Inde, 1980.

Deuxième partie

~

un PORTRAIT *du* DALAÏ-LAMA

5 ~ Une enfance au Tibet

Si l'on se tourne vers le Tibet, à l'époque où il était encore un pays libre, je me rends compte que c'est là-bas que j'ai vécu les plus belles années de ma vie.

LE QUATORZIÈME DALAÏ-LAMA

Pages précédentes : rangée de chorten (monuments sacrés). Le dalaï-lama s'adressant à un groupe de Tibétains, en Inde.

Page de droite : le dalaï-lama à 10 ans, menant déjà une vie consacrée à l'étude et à la méditation.

À droite : le lama qui partit à la recherche du quatorzième dalaï-lama, en 1937.

Le 6 juillet 1935, un garçon naquit dans une famille de Taktser, un village de l'Amdo, dans le nord-est du Tibet. Les parents appelèrent Lhamo Thondup ce cinquième enfant que rien ne distinguait de n'importe quel autre bébé en bonne santé. Au village, qui comptait une vingtaine de familles vivant de leurs cultures, l'existence était satisfaisante, et rien ne troubla son déroulement paisible jusqu'à l'approche du troisième anniversaire de Lhamo Thondup.

Un jour, un petit groupe de marchands itinérants frappèrent à la porte et demandèrent à boire du thé, selon la coutume tibétaine. En réalité, ce groupe recherchait, sous un déguisement, la réincarnation du dernier dalaï-lama, et avait été conduit vers cette maison par une série de signes et de visions qui s'étaient manifestés après la mort du treizième dalaï-lama.

Kewtsang Rimpoché, grand lama à la tête de l'expédition, vêtu comme un serviteur, fut prié d'aller s'asseoir à la cuisine.

Là, un petit garçon vint vers lui et s'installa sur ses genoux avec une familiarité étonnante pour un si jeune enfant.

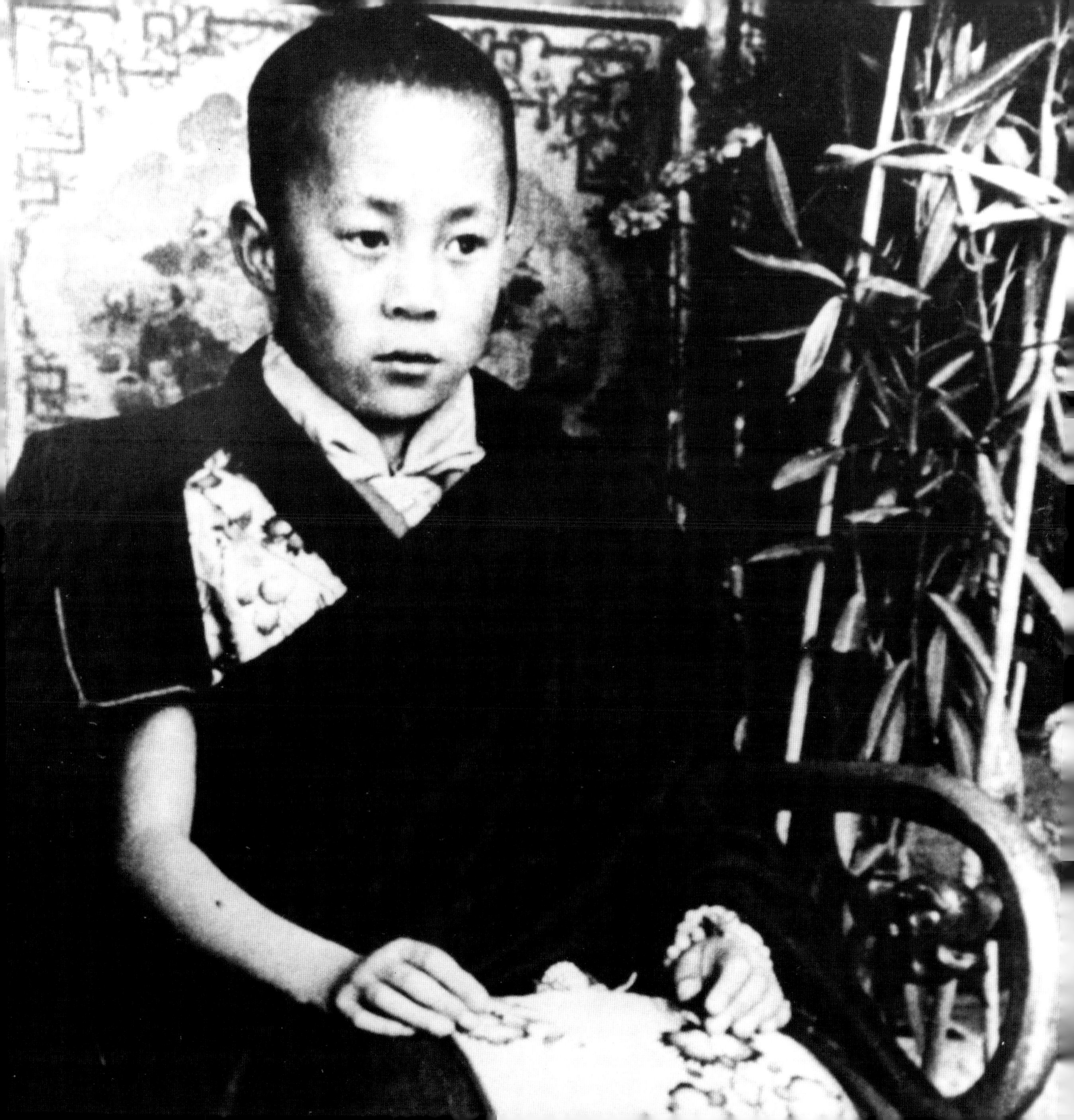

Saisissant le long chapelet que le « serviteur » portait autour du cou, et qui avait appartenu au treizième dalaï-lama, le petit garçon demanda qu'on lui donnât ce qui, disait-il, lui appartenait. Kewtsang Rimpoché répondit à l'enfant que le chapelet serait à lui à condition qu'il pût lui dire qui il était. Le petit garçon le regarda et expliqua très calmement qu'il était assis sur les genoux d'un lama du monastère de Sera, en s'exprimant dans le dialecte du Tibet central qu'il ne pouvait pas connaître. Le groupe fut invité à rester pour la nuit puis, devant de nouvelles preuves de la nature extraordinaire de l'enfant, décida de revenir, muni de l'autorisation de mener les tests pouvant permettre d'identifier sans erreur possible le quatorzième dalaï-lama.

Quelques jours plus tard, ces personnes revinrent en apportant d'autres objets que l'enfant devait reconnaître sans hésitation. Ce qu'il fit. On le soumit également à un bref examen physique qui permit de vérifier qu'il présentait les huit caractéristiques physiques traditionnelles des dalaï-lamas, parmi lesquelles figurent de grandes oreilles, des yeux allongés, des sourcils en accent circonflexe… La plupart furent retrouvées chez l'enfant et les visiteurs se dirent, remplis de joie et de dévotion, qu'ils étaient bien en présence du quatorzième dalaï-lama.

> *Notre émotion fut telle que nos yeux s'emplirent de larmes de joie. Le souffle coupé, nous n'arrivions ni à nous asseoir convenablement sur la natte ni à proférer un seul mot.*
>
> SONAM WANGDU

Quand la nouvelle de cette découverte fut connue, le gouverneur de la région, un musulman nommé Ma Bufeng, décida de tirer profit de cet événement exceptionnel et déclara qu'il ne laisserait partir le nouveau dalaï-lama qu'en échange d'une rançon. La somme qu'il réclamait

Ci-contre : ***le dalaï-lama à 5 ans, peu après son intronisation.***

Page de gauche : ***moines rassemblés dans une cour du monastère de Kumbum, dans l'Amdo.***

étant importante, il fut impossible de la réunir sur-le-champ et, en attendant, l'on envoya l'enfant au monastère de Kumbum. Il était fréquent d'envoyer de bonne heure au monastère les enfants destinés à devenir moines afin de favoriser une adaptation rapide à la vie monastique. Toutefois, les premières semaines étaient toujours difficiles pour ces jeunes garçons brusquement séparés de leurs parents.

Le dalaï-lama ne fit pas exception à la règle et se souvient d'avoir traversé une période de tristesse quasi

Ci-contre : ***la famille du quatorzième dalaï-lama au Dekyi Lingka, en 1946.***

permanente. Il fut tout de même consolé par la présence de l'un de ses frères aînés, Lobsang Samten, qui l'avait précédé au monastère bien qu'il n'eût que 6 ans. Et puis, le maître de Lobsang Samten, un vieux moine affectueux, prit l'habitude d'envelopper dans sa robe le petit Lhamo Thondup quand celui-ci se sentait particulièrement esseu-

L'arrivée du nouveau dalaï-lama à Lhassa, le 10 octobre 1939.

lé. Mais, tandis que l'on s'efforçait de réunir l'argent de la rançon, l'enfant, qui ne pouvait saisir pleinement ce qu'il représentait, vécut au monastère une interminable attente.

Il fallut dix-huit mois pour payer la rançon et, afin d'éviter toute autre exigence de la part de Ma Bufeng, le régent s'abstint de confirmer officiellement la découverte du nouveau dalaï-lama avant que l'enfant fût déjà en route pour Lhassa. Heureux de retrouver ses parents qui allaient l'accompagner jusqu'à la capitale, ravi de voyager, le petit dalaï-lama, âgé de 4 ans, connut trois mois d'émerveillement – à jamais inscrits dans sa mémoire – devant les scènes spectaculaires qui se succédaient le long de sa route. Aujourd'hui, le dalaï-lama se souvient encore des troupeaux d'ânes, de daims, de yaks sauvages dont la course à travers les vastes plaines surprenait brusquement les voyageurs. Ce souvenir ébloui est cependant teinté de tristesse, les troupeaux de ce genre étant désormais de plus en plus clairsemés. Le dalaï-lama se rappelle aussi qu'il parlait beaucoup avec son frère, comme le font la plupart des jeunes garçons.

À l'approche de l'automne, le groupe arriva devant les portes de la ville où une tente, dressée pour l'accueillir, était entourée d'une immense foule qui jouait des coudes afin d'apercevoir le nouveau dalaï-lama. À l'intérieur de la tente, le petit garçon fut convié à s'asseoir sur un trône de bois et, au cours d'une cérémonie qui dura toute une journée, devint officiellement le chef spirituel de son peuple. On l'installa ensuite, avec son entourage, au Norbulingka – le palais d'Été –, et non au Potala, le régent ayant décidé d'attendre un an avant de l'introniser au palais de Lhassa. Ce fut ainsi que le jeune garçon put vivre sa dernière année d'insouciance dans une résidence beaucoup moins solennelle que le Potala.

LES PREMIÈRES ANNÉES À LHASSA

L'hiver suivant, à l'âge de 5 ans, Lhamo Thondup fut conduit au Potala et intronisé en tant que chef spirituel du Tibet. Puis on l'emmena au temple du Jokhang où il fut ordonné moine. Après que le régent lui eut coupé une mèche de cheveux, on lui rasa le crâne et on le vêtit de la robe de moine. Au cours de la même cérémonie, il fut rebaptisé. Parmi les noms nouveaux qu'il reçut, certains lui venaient du régent, comme l'exigeait la tradition. On l'appela aussi Tenzin Gyatso, nom sous lequel il est aujourd'hui connu dans le monde entier.

Un pèlerin devant le monument érigé à Takster, village où est né l'actuel dalaï-lama.

Peu après commença son éducation – qui se résuma, au début, à l'apprentissage de la lecture – en compagnie de son frère, Lobsang Samten. Mais, à 8 ans, Tenzin Gyatso vit son frère partir pour l'école et dès lors vécut essentiellement parmi les adultes attachés au service du palais ou à son éducation. Deux grands lamas devinrent ses précepteurs. Le premier, Reting Rimpoché, fut accusé de corruption et contraint de renoncer à sa charge alors que le dalaï-lama était encore très jeune. En dépit de son inexpérience, Tenzin Gyatso fut convié à exprimer son avis sur le choix du successeur de Reting. Il suggéra Ling Rimpoché, son second précepteur. Son avis fut entendu et Ling devint son maître. Ainsi le jeune dalaï-lama se voyait-il également initié à l'apprentissage du pouvoir et des responsabilités.

Ci-dessus : ***Kyabje Trijang Rimpoché, l'un des deux précepteurs du dalaï-lama, en 1978.***

Au centre : ***maître tibétain et son disciple.***

Ses journées commençaient vers 6 heures. À peine levé, il récitait des prières et méditait pendant une heure. Avant que ses cours commencent, on lui apportait un petit déjeuner composé de thé, de *tsampa* et de miel. Les leçons de la matinée débutaient avec l'apprentissage de la lecture, puis se poursuivaient avec celui de l'écriture et la mémorisation de textes religieux qui s'achevait à 10 heures. Ensuite, l'enfant assistait à une réunion gouvernementale, entourée de solennité, où on lui manifestait tout le respect dû à un dalaï-lama, en dépit de son jeune âge. De cette manière, il découvrait tout à la fois le maniement des affaires de l'État et le rôle de leader qui allait de plus en plus devenir le sien.

Venait ensuite une seconde période d'études, pendant laquelle il devait réciter le texte qu'il avait appris le matin

avant que son second précepteur, Trijang Rimpoché, présentât le texte du lendemain. Puis on le laissait se livrer à ses jeux d'enfant – son activité naturellement favorite. Des dignitaires étrangers lui apportaient à l'occasion de leurs visites des Meccano, des trains mécaniques, des soldats de plomb. Enfant, le dalaï-lama adorait jouer à la guerre, mais, devenu adolescent, il préféra faire fondre ses soldats et les transformer en moines. Il aimait aussi des jeux plus physiques : glisser sur les planchers cirés, par exemple, ou sauter, ce qui était officiellement interdit, mais souvent irrésistible.

Après le déjeuner, les cours reprenaient. Le dalaï-lama se souvient qu'à ce moment-là, le soleil ayant tourné, l'atmosphère de la pièce où il étudiait lui paraissait si sombre qu'il ne retrouvait jamais son enthousiasme matinal. Il n'en était pas moins un élève brillant qui apprenait vite. Le programme des études monastiques comprenait cinq sujets majeurs et cinq sujets mineurs. La philosophie bouddhiste, la matière la plus importante, se divisait en plusieurs catégories.

Ling Rimpoché, principal tuteur du quatorzième dalaï-lama.

Élément fondamental du bouddhisme tibétain, la dialectique donne lieu à des débats, passionnants à observer ou à pratiquer. Face à face, deux moines s'interpellent à tour de rôle au sujet du sens profond d'un texte. Ils accompagnent leurs questions d'un geste rituel qui consiste à taper la main droite – dont le poignet est entouré de chapelets – dans la gauche, tout en tapant du pied gauche sur le sol. L'interlocuteur s'efforce de rester immobile et attentif à la question, puis y répond. À 12 ans, le dalaï-lama avait déjà commencé l'apprentissage de cette technique avec le plus grand sérieux, sous la direction de deux experts renommés en la matière.

Ses cours s'achevaient vers 17 h 30 et lui laissaient alors deux heures de liberté avant le dîner. Il se souvient qu'il s'empressait de monter sur le toit du Potala où un télescope lui permettait d'observer, en contrebas, les pensionnaires de la prison d'État.

> *Je les considérais comme des amis et j'observais attentivement leurs mouvements. Ils le savaient et, s'ils m'apercevaient, se prosternaient aussitôt. Je les distinguais les uns des autres et aucune libération ou nouvelle incarcération ne m'échappait.*
>
> LE QUATORZIÈME DALAÏ-LAMA

Ci-dessous : ***Lhamo Thondup à 3 ans, déjà reconnu comme quatorzième dalaï-lama.***

Le dîner se composait de thé, d'un potage, parfois d'un peu de viande, d'un yaourt et de pain, et était suivi d'une promenade au crépuscule, accompagnée de la récitation de prières et de textes sacrés. Ou bien le dalaï-lama s'amusait à inventer des récits, ce qui fut son activité favorite pendant toute son enfance. Puis il se retirait dans sa chambre, qui avait été celle du cinquième dalaï-lama et avait à peine changé depuis cette époque. Des souris nichaient dans l'auguste literie et se nourrissaient des offrandes quotidiennes disposées sur l'autel de cette vieille chambre, sombre, froide et qui sentait le moisi. Le dalaï-lama se pelotonnait dans la caisse de bois débordante de coussins et ceinte de draperies rouges qui servait de lit. Là, en écoutant trotter les souris, il s'endormait dans les fumées d'encens et l'odeur des lampes à beurre.

L'ADOLESCENCE

La routine variait peu, sauf à l'occasion des jours de fête et des retraites, périodes consacrées à la méditation et à la prière. Néanmoins, il restait encore du temps pour les loisirs et l'exploration, en hiver, du labyrinthe qu'était le Potala. Le dalaï-lama tomba sur un vieux projecteur et, doué pour la mécanique, apprit très vite à le faire fonctionner. Il aimait aussi démonter des montres puis les remonter depuis le jour où, après en avoir ouvert une et fait tomber par terre tout son mécanisme, il avait su réparer le désastre. Au Norbulinkga, il découvrit avec ravissement trois vieilles automobiles qu'avait fait importer son prédécesseur.

Avec l'aide d'un passionné de mécanique, l'ancien chauffeur du treizième dalaï-lama, il parvint à refaire fonctionner l'une des voitures en se servant de pièces prélevées sur les deux autres. Un jour, cédant à la tentation, il prit le volant et commença à faire le tour du parc du palais d'Été. Mais, n'ayant que quelques notions de conduite, il rentra dans un arbre. Confus, il retourna au garage où, à l'aide d'un peu de peinture et de ruban adhésif, il dissimula les dégâts qu'il avait faits sur un phare.

De temps en temps, sa mère et sa sœur aînée, Tsering Dolma, lui rendaient visite en lui apportant une gourmandise : du pain fait maison, qu'il adorait. La famille vivant dans l'enceinte du Norbulingka, il arrivait au jeune dalaï-lama d'aller la rejoindre un moment, en cachette, et de toucher à d'autres gourmandises, comme ces lamelles de viande séchée qu'il aimait tremper dans une sauce au piment. Le dalaï-lama n'a pas oublié qu'il était entouré d'un protocole parfois très pesant qu'il allégea dès qu'il le put.

Il se lia aussi d'amitié avec un prisonnier de guerre autrichien, échappé d'un camp d'internement britannique en Inde. Ce nouveau compagnon, Henrich Harrer – auteur de *Sept ans au Tibet*, récit de son séjour dans ce

Drapeaux de prières près d'un tas de gravats provenant peut-être d'un chorten désacralisé, au Tibet central.

pays et de son amitié avec le jeune dalaï-lama –, lui permit de découvrir le monde extérieur. Harrer l'aida également à apprendre l'anglais et à réparer les divers objets mécaniques, importés à l'époque du treizième dalaï-lama, qui avaient cessé de fonctionner.

En 1947, à l'âge de 12 ans, le dalaï-lama fit sa première expérience en matière d'intrigue politique quand l'ancien régent, Reting Rimpoché, cherchant à recouvrer son pouvoir par la force, provoqua un affrontement armé qui fit plusieurs victimes dans les rangs de ses alliés. Le dalaï-lama entendit des coups de feu qu'il commença par trouver fort distrayants avant de se rendre compte, la tristesse au cœur, que des hommes venaient de mourir. Peu après, Reting Rimpoché mourut mystérieusement en prison. Les mesures de sécurité renforcées qui entourèrent le dalaï-lama, en particulier à l'occasion de sa première session de débats au monastère de Drepung, quelque temps plus tard, devaient ne jamais lui faire oublier ce premier exemple de lutte pour le pouvoir et les conséquences souvent tragiques qui s'ensuivent.

Voilà ce qu'était le monde du jeune dalaï-lama, un monde qui vécut généralement en paix jusqu'à ce jour d'octobre 1950 où l'on vit déferler la première vague d'envahisseurs chinois.

Le dalaï-lama avait alors 15 ans et l'âge de l'innocence s'achevait pour lui, tandis que quatre-vingt mille soldats investissaient le Chamdo, première étape de la « libération pacifique » du Tibet.

À partir de ce moment-là et jusqu'à sa fuite, en mars 1959, l'enfant-moine fut contraint de devenir le leader d'une nation occupée et d'un peuple qui devait, aux mains de l'oppresseur, vivre un calvaire.

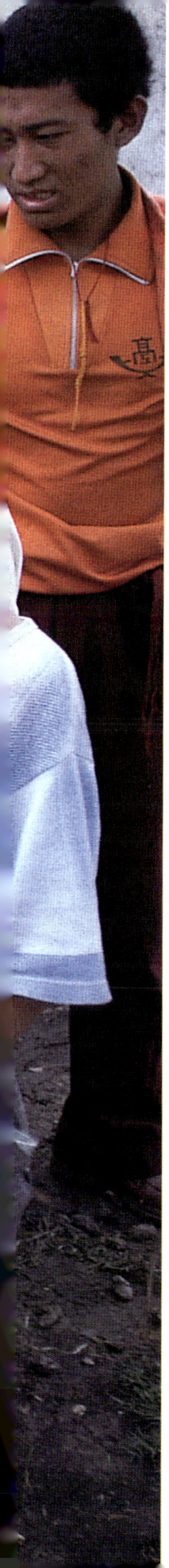

6
Une nouvelle vie en Inde

Aujourd'hui je me considère assurément comme un homme heureux, mais il est évident que je n'ai pas du tout été élevé pour ce genre d'existence.

LE QUATORZIÈME DALAÏ-LAMA

Pendant près d'une décennie (de 1950 à 1959), le dalaï-lama essaya de négocier avec les autorités chinoises qui s'étaient emparées du pouvoir à Lhassa, après avoir envahi le Tibet en septembre 1950. Comprenant que la coopération du dalaï-lama et de son gouvernement faciliterait leur politique, les Chinois feignirent de partager le pouvoir. Le rôle amplement symbolique auquel il fut réduit permit tout de même au dalaï-lama de freiner les inévitables changements.

Mais, avec le continuel bouleversement du mode de vie traditionnel, la situation ne cessa de se détériorer, en particulier dans le domaine des pratiques religieuses, pourtant essentielles au Tibet. Sans respect ni sensibilité, l'interférence chinoise visait résolument à réduire la place que la religion occupait dans la vie quotidienne. En tentant constamment d'arracher aux Chinois des concessions en faveur de son peuple, le dalaï-lama devint une épine dans le pied des envahisseurs. Une épine qu'ils étaient bien décidés à arracher tôt ou tard.

Ci-contre : ***le dalaï-lama et son jeune frère, pendant la fuite vers l'Inde.***

Page de gauche : ***réfugiés tibétains venant d'arriver au centre d'accueil de Katmandou, en 1997.***

Au printemps 1959, les Tibétains estimèrent qu'ils en avaient assez supporté. La coupe était pleine, et ils n'attendaient plus que le premier prétexte pour libérer une colère trop longtemps accumulée. L'occasion s'en présenta bientôt. Peu après avoir obtenu son diplôme de *geshe* (qui équivaut à peu près à un doctorat en théologie), le dalaï-lama fut invité par le général Chiang Chinwu à un spectacle de danses donné par une troupe chinoise qui venait d'arriver à Lhassa pour les festivités du nouvel an. Le spectacle devait avoir lieu au quartier général de l'armée chinoise parce que, disait le général, on pouvait y aménager une scène et un éclairage convenables.

Ci-dessous : le dalaï-lama et l'oracle de Nechung, en transe, soutenu par deux assistants.

La suspicion des Tibétains s'éveilla lorsque les Chinois parlèrent de mesures de sécurité « particulières ». Le général suggéra, en effet, que le dalaï-lama vînt seul ou, à la rigueur, accompagné d'un ou deux gardes du corps sans arme, afin que sa visite fût tenue secrète. Proposition quelque peu absurde, étant donné que les Tibétains ne pouvaient assurer la sécurité du dalaï-lama qu'en sachant à tout moment où il se trouvait. Tandis que la nouvelle de l'invitation se répandait, les Tibétains furent nombreux à se dire qu'un kidnapping, ou même un assassinat, se préparait.

Une foule inquiète se rassembla devant le Norbulingka et on la vit grossir en même temps que s'amplifiait l'hostilité à l'égard des Chinois. Une rencontre entre dignitaires chinois et tibétains dégénéra au point que les premiers, hors d'eux, accusèrent les seconds d'inciter la foule à l'insurrection, et brandirent la menace de sévères représailles, en ajoutant que le dalaï-lama ferait mieux d'aller se réfugier dans leur quartier général pendant qu'ils tireraient sur la foule et le Norbulingka.

Si le dalaï-lama parvint à les dissuader de mettre leur menace à exécution, la situation paraissait désormais désespérée. Le dalaï-lama décida alors de consulter l'oracle de Nechung. La dernière fois qu'il lui avait demandé conseil, l'oracle lui avait répondu qu'il devait rester à Lhassa. Cette fois-ci, quand Dorje Drakden prit possession du corps du médium, ce fut pour exprimer une grande urgence.

> *À mon grand étonnement, il s'écria : « Pars ! Pars ! Ce soir même ! » Le médium, toujours en transe, s'avança en titubant vers du papier et un stylo et décrivit avec précision le chemin que je devais suivre, du Norbulingka juqu'à la dernière ville tibétaine avant l'Inde. Je ne m'attendais pas à de telles directives.*
>
> LE QUATORZIÈME DALAÏ-LAMA

Le dalaï-lama recourut alors au *mo* – rituel divinatoire – afin de confirmer la décision de l'oracle, étant donné que la dégradation rapide de la situation rendait sa fuite de plus en plus risquée. Et puis la décision qu'il devait prendre était peut-être la plus importante de sa vie. Le *mo* confirmant les paroles de l'oracle, un plan de fuite fut aussitôt élaboré. Les conseillers les plus proches du dalaï-lama, ses précepteurs et sa famille se préparèrent à partir le soir même. Une réunion secrète eut lieu, à l'extérieur du palais, avec les responsables de l'encadrement de la foule, afin de tromper la vigilance des espions mêlés aux manifestants. On rassembla des déguisements à la hâte et des provisions pour la route, mais il fallut abandonner pratiquement tout le reste. Avant de partir, le dalaï-lama se rendit dans le sanctuaire de Mahakala, sa déité tutélaire, pour prier. Des moines étaient déjà en train d'accomplir un rituel religieux – *puja* – et de réciter des prières. Le dalaï-lama lut un passage des textes sacrés dans lequel le Bouddha parle de courage et de confiance, puis se plongea un moment dans le silence de la méditation.

Je me suis avancé vers l'autel pour offrir une kata
– une écharpe de soie blanche – à la divinité.
C'est, pour les Tibétains qui sont sur le départ,
une tradition qui représente une offrande propitiatoire
tout en traduisant l'intention de revenir.

LE QUATORZIÈME DALAÏ-LAMA

Ensuite, le dalaï-lama prit un antique *thangka* (peinture sur soie) de Palden Lhamo – déité féminine, protectrice du Tibet – qui avait appartenu au deuxième dalaï-lama, et sortit du palais pour la dernière fois.

LA FUITE VERS L'INDE

Vêtu d'un manteau et, contrairement aux habitudes monastiques, d'un pantalon, le dalaï-lama rejoignit les dignitaires qui, habillés comme lui, l'attendaient à l'une des portes du Norbulingka. Prétextant une tournée d'inspection ordinaire, le groupe se fraya un passage dans la foule jusqu'à la rivière où des hommes s'apprêtaient à les conduire sur l'autre rive de la Kyichu, dans des sortes de barques en peau de yak. Le dalaï-lama se souvient qu'en entendant le bruit des coups de rames il redouta de voir arriver des soldats chinois ou d'essuyer leurs tirs. Sur l'autre rive, il retrouva sa famille et le reste de son entourage, puis on lui présenta les guérilleros, montés sur des poneys, qui devaient l'escorter tout au long de sa route. La première nuit, la plus dangereuse à cause de la proximité de l'armée chinoise, les fugitifs chevauchèrent jusqu'à l'aube presque sans s'arrêter. Puis, l'imminence du danger s'étant éloignée, ils prirent le temps d'examiner leurs montures. Le dalaï-lama revoit encore le désordre de leur équipement :

Ci-dessus: ***le dalaï-lama (sur le cheval blanc) traversant l'Himalaya, sur la route de l'exil qui le conduit en Inde.***

Les monastères avaient dû nous fournir des
animaux sans avoir été prévenus, et, à la nuit
tombée, les meilleures montures se retrouvaient
avec les pires selles, les plus poussives avec les
meilleures selles, et, leur attribution s'étant faite
au hasard, c'étaient les plus grands dignitaires
qui montaient les vieilles mules mal étrillées.

LE QUATORZIÈME DALAÏ-LAMA

En fait, le dalaï-lama se proposait de rester au Tibet et de négocier avec les Chinois à bonne distance de Lhassa.

Mais, en cours de route, il apprit que l'armée bombardait le Norbulingka, tirait sur la foule et faisait des milliers de morts. Le 24 mars, en écoutant une radio, il entendit Chou En-lai annoncer la dissolution du gouvernement tibétain. Par des guérilleros, il apprit également que les Chinois essayaient de fermer la frontière afin de lui barrer le chemin. Il ne put alors que conclure à l'impossibilité de négocier.

Le voyage vers l'exil fut long et difficile. Il fallut traverser des régions particulièrement accidentées et encore recouvertes par les neiges hivernales. L'hébergement était si rudimentaire que, après une nuit passée à proximité de la frontière sous une tente qui fuyait, le dalaï-lama fut victime d'une crise de dysenterie. Le groupe s'arrêta à Mangmang, mais, après un jour de repos, averti de l'approche des Chinois, se remit en marche, malgré l'état de santé du dalaï-lama. Quelques membres du groupe avaient déjà été envoyés en éclaireurs de l'autre côté de la frontière afin de demander l'asile politique pour les fugitifs et avaient vu leur requête acceptée.

Le dalaï-lama chevauchant une dzomo, croisement d'un yak et d'une vache, comme lors de la fuite vers l'Inde.

> *Le moment était venu pour moi de me séparer de mon escorte armée qui m'accompagnait depuis Lhassa et qui allait retourner affronter les Chinois. Ce fut difficile. Puis, après ces adieux qui m'avaient fait venir les larmes aux yeux, on m'aida à monter sur le large dos d'une* dzomo *(croisement d'un yak et d'une vache) parce que j'étais encore trop malade pour reprendre un cheval. Et ce fut avec ce moyen de transport des plus humbles que je quittai ma terre natale.*
>
> LE QUATORZIÈME DALAÏ-LAMA

Aux environs de 16 heures, le 31 mars 1959, le dalaï-lama descendit de sa *dzomo*, traversa un espace découvert dans le *no man's land* entre son pays et l'Inde et fut accueilli par un commandant *gurkha* qui lui présenta une *kata*. Il accepta l'écharpe blanche traditionnelle puis franchit la frontière pour aller vers l'exil.

UNE NOUVELLE VIE

Près de quarante ans plus tard, le dalaï-lama est toujours en exil. Il est installé à McLeod Ganj, dans l'Himachal Pradesh, à quelques jours de route de l'endroit où il a, pour la première fois, posé le pied en Inde. Toute une communauté de Tibétains qui ont, comme lui, fait le long et périlleux voyage de l'exil vivent dans le même village. Aujourd'hui, les touristes se pressent à McLeod Ganj, attirés par le rayonnement de la culture et du bouddhisme tibétains et, par-dessus tout, par la présence du dalaï-lama, le plus célèbre habitant de la petite ville. Mais s'installer en Inde n'était nullement dans les intentions du dalaï-lama. Jamais il n'aurait pensé rester si longtemps hors du Tibet.

Au fil des ans, tout le monde a perdu l'espoir d'un retour imminent au Tibet, en dépit des efforts concertés du dalaï-

À gauche : **après avoir réussi à s'échapper du Tibet, le dalaï-lama arrive en Inde, en 1959.**

lama pour négocier avec les Chinois. Le dalaï-lama a, par conséquent, dû s'adapter à une nouvelle vie, bien différente de celle de ses prédécesseurs. À la différence de ses ancêtres, il est souvent en voyage, invité par les organisations tibétaines et bouddhistes qui se sont créées de par le monde. Mais quand il est chez lui, à McLeod Ganj, c'est avec bonheur qu'il retrouve une vie d'une étonnante simplicité.

UN SIMPLE MOINE BOUDDHISTE

En tant que moine bouddhiste, je me préoccupe
de tous les membres de la famille humaine comme de
tous les êtres vivants qui sont exposés à la souffrance.

LE QUATORZIÈME DALAÏ-LAMA

Le dalaï-lama aime à répéter qu'il est un simple moine bouddhiste, et c'est le rôle qu'il joue avec joie dès que ses prestigieuses visites internationales et les affaires de son gouvernement lui en laissent le temps. Il s'efforce alors de consacrer au moins cinq heures et demie à la méditation, à la prière, à la lecture des textes sacrés. Mais ces moments ne sont pas séparés des autres. Ils se fondent dans sa vie quotidienne. Par exemple, il étudie souvent un texte religieux pendant un repas, comme le préconisent les écritures bouddhiques qui offrent toute une liste de prières dont la récitation s'adapte à la plupart des activités de la vie quotidienne. Voyageant beaucoup, le dalaï-lama prie également pendant ses voyages.

J'ai trois raisons particulières d'agir ainsi : d'abord,
la prière fait partie de mes devoirs quotidiens ;
en second lieu, elle est une manière productive
de passer le temps ; enfin, elle apaise la peur.

LE QUATORZIÈME DALAÏ-LAMA

Ordinairement, le dalaï-lama se lève vers 4 heures et commence la journée en récitant des *mantra*. Il ne cède pas à la coutume tibétaine – que bien des moines aiment suivre – de boire du thé au saut du lit. Il préfère prendre l'une de ces préparations médicinales tibétaines que l'on absorbe avec de l'eau chaude. Puis il entreprend ses pratiques spirituelles, dont les prosternations, qui sont parfois perçues comme de l'idolâtrie. Accomplies devant une statue du Bouddha, elles sont en réalité un moyen de développer en soi la bouddhéité (l'état de bouddha). De l'avis du dalaï-lama, elles constituent également un excellent exercice physique.

Le dalaï-lama a l'habitude de faire ensuite une promenade dans la lumière matinale en mêlant des prières au concert d'oiseaux qui emplit l'air. Il aime observer les oiseaux et il leur a installé une mangeoire près d'une de ses fenêtres. À l'heure du petit déjeuner, il écoute parfois les nouvelles sur le service international de la BBC ou bien lit un texte religieux, avant de se consacrer pendant deux heures à la méditation. Puis il étudie la philosophie bouddhiste jusqu'au déjeuner.

L'après-midi est occupé par les affaires du gouvernement, les audiences, les interviews et diverses autres activités officielles. Vers 19 heures, il dîne, puis regarde éventuel-

Ci-contre : deux hommes traversant la rivière Kyichu, à Lhassa, dans une embarcation en peau de yak.

Page de droite : photo du jeune dalaï-lama collée sur un tableau. 1958.

lement la télévision pendant un moment ou lit un journal. Après avoir achevé sa journée en prières et en méditation, il se retire aux environs de 21 heures. Généralement, dit-il, il n'a pas de mal à s'endormir et dort d'un sommeil profond. Si cette vie simple lui est de moins en moins permise, il trouve une consolation dans l'intérêt grandissant que suscite le bouddhisme tibétain. Il suffit d'assister à l'un de ses enseignements pour mesurer à quel point il aime partager sa profonde connaissance du bouddhisme.

Les sujets scientifiques le passionnent également. Il a rencontré un grand nombre de spécialistes et participé à plus d'une conférence au sujet des rapports étroits qui existent entre la spiritualité et la science. À son avis, il est essentiel de connaître ces liens pour comprendre réellement la façon dont fonctionne notre univers, et il pense que cette compréhension conduira à un plus grand respect de la nature. Il parle souvent de la fragilité du système écologique de la planète. Le dalaï-lama a aussi encouragé les études scientifiques qui ont prouvé qu'un état de profonde méditation modifie les ondes cérébrales et se sont révélées très utiles pour comprendre les mécanismes du cerveau.

Chaque année, le dalaï-lama s'octroie une retraite de quinze jours pour méditer. Il a déjà dit qu'il aimerait faire une retraite de trois ans, mais il sait, étant donné les activités qui lui sont imposées, que c'est quasiment impossible. Pendant sa retraite annuelle, il se plonge quotidiennement dans douze heures de pratiques spirituelles et c'est pour lui la meilleure façon de rompre avec la routine des charges officielles et des audiences. Toutefois, être un « simple moine bouddhiste » signifie d'abord que l'on aide les autres à trouver le bonheur et à se soustraire à la souffrance. Le dalaï-lama laisse une profonde empreinte sur la vie d'une multitude de personnes de par le monde lorsqu'il partage avec elles, au travers de ces enseignements et de ses conférences, une philosophie spirituelle millénaire tournée vers le bonheur.

Un apôtre de la paix

Le dalaï-lama a reçu le prix Nobel de la paix, le 10 décembre 1989, date anniversaire de la Déclaration des droits de l'homme par les Nations unies. Les citations qui suivent sont extraites d'interviews, données à l'occasion de la remise du prix, et de discours prononcés au cours de cette cérémonie.

Vous êtes devenu pour le monde entier l'un des grands défenseurs des droits de l'homme, considérés comme le fondement d'une paix véritable, juste et durable. Vous remettre aujourd'hui le prix Nobel de la paix, n'est-ce pas la meilleure façon de consacrer cette reconnaissance universelle ?

EGIL AARVIK,

PRÉSIDENT DU COMITÉ DU PRIX NOBEL

Je suis un simple moine bouddhiste, venu du Tibet, quelqu'un qui, animé d'une profonde conviction, suit un chemin spirituel, en l'occurrence la noble voie du Bouddha qui est, par essence, l'art de conjuguer compassion et sagesse universelles. Je suis aussi quelqu'un qui, par une suite naturelle d'événements, est lié au destin du Tibet, de son peuple, de sa culture, et qui assume cette responsabilité avec toute la force de son énergie. L'attribution du prix Nobel de la paix est un grand honneur pour une telle personne. J'éprouve une grande joie et un sentiment de fierté. Et je suis certain que tous ceux qui, de par le monde, croient vraiment et aspirent à une paix universelle et à une réelle harmonie, éprouveront la même joie devant cette récompense. Par conséquent, j'aimerais vous exprimer mes sincères remerciements.

Cette récompense représente une reconnaissance de la juste cause qu'est la lutte du peuple tibétain pour la liberté et son droit à l'autodétermination, et un soutien universel… Si je prie quotidiennement pour qu'une paix durable s'instaure sur notre planète, je travaille aussi, avec acharnement, à la réalisation de cet espoir afin que vienne le jour où l'amour et l'entraide régneront et où nous pourrons tous véritablement vivre en harmonie.

LE QUATORZIÈME DALAÏ-LAMA

Ci-dessous : le dalaï-lama accueillant des visiteurs indiens, en 1989.

Je suis si heureux. J'ai fait tout ce chemin jusqu'à Oslo pour le voir recevoir le prix. Ça a été un grand jour pour Sa Sainteté, pour le peuple tibétain, mais avant tout, pour la paix dans le monde.

CHARLES ROSE, DÉPUTÉ AMÉRICAIN

J'ai le sentiment que le dalaï-lama est l'un des rares leaders dans le monde à avoir tant de douceur, à être aussi féministe, écologiste et apte à déléguer son

pouvoir. Ils sont vraiment peu nombreux de cette espèce. C'est la raison pour laquelle les portes se ferment devant lui. Il a un langage et une spiritualité que ne peuvent pas comprendre les matérialistes, et les Chinois en particulier. La philosophie matérialiste de leur gouvernement ne sait pas prendre en compte la spiritualité du dalaï-lama. Je pense que le dalaï-lama est l'homme politique le plus apte à faire reconnaître la non-violence comme seule solution pour l'ère atomique.

PETRA KELLY, DÉPUTÉ ALLEMAND

Cet événement m'a réjoui. J'estime qu'il a non seulement beaucoup encouragé le Tibet, la lutte pour le respect des droits de l'homme et la liberté dans ce pays – tout en représentant pour le dalaï-lama un aboutissement de son action –, mais aussi singulièrement encouragé la lutte pour les droits et la dignité de l'homme partout dans le monde.

HARALD ELEFSEN, DÉPUTÉ NORVÉGIEN

Le comité tient à souligner le fait que le dalaï-lama n'a cessé, dans sa lutte pour la libération du Tibet, de s'opposer catégoriquement à l'usage de la violence. Il s'est fait l'avocat d'une solution pacifique, fondée sur la tolérance et le respect mutuel, afin de préserver ainsi l'héritage historique et culturel de son peuple. Le comité estime que le dalaï-lama a présenté des solutions d'avenir, très constructives, en ce qui concerne les conflits internationaux, la question des droits de l'homme et les problèmes de l'environnement en général.

LE COMITÉ NORVÉGIEN DU NOBEL,
DÉCEMBRE 1989

Au centre : le dalaï-lama donnant une bénédiction Kalachakra pour la paix dans le monde. Jispa, nord de l'Inde, 1994.

Dès que j'ai su que l'on m'avait attribué ce prix, je me suis dit que je voulais faire quelque chose pour ceux qui, sur cette planète, sont exposés à la famine. Je veux donc qu'une partie de l'argent serve à lutter contre la faim dans le monde. Ensuite, j'ai pensé à ces organisations qui, en Inde, s'occupent des lépreux. À quelques occasions, j'ai contribué, mais dans une faible mesure, à leur lutte. Maintenant, je tiens à leur remettre, à elles aussi, une partie de cet argent.
Je veux également apporter ma contribution à ces institutions qui travaillent pour la paix dans le monde. Puis je donnerai aussi quelque chose à des institutions tibétaines, en particulier à celles qui s'occupent de l'instruction des jeunes. Et enfin, je souhaite créer une fondation tibétaine pour le développement de la responsabilité universelle. Voilà ce que je compte faire avec l'argent de ce prix.

LE QUATORZIÈME DALAÏ-LAMA

7

Le dalaï-lama, figure internationale

Jusqu'à ce jour, la vie n'a cessé de me conforter dans ma conviction que les gens sont au fond les mêmes partout, sous des apparences différentes.

LE QUATORZIÈME DALAÏ-LAMA

À droite : le dalaï-lama pendant l'initiation Kalachakra qu'il conféra en Mongolie, en 1995, lors de sa visite qui suivit l'effondrement du bloc soviétique.

Ci-contre : le dalaï-lama saluant des membres de son auditoire au Royal Albert Hall. Londres, 1984.

Si l'occupation du Tibet par les Chinois et l'exil du dalaï-lama en Inde n'ont provoqué aucune intervention politique, en revanche cette situation a suscité à travers le monde un intérêt d'ordre métaphysique. Ce phénomène s'est amplifié au fil des années et, en petits groupes ou seules, de nombreuses personnes ont entrepris de faire connaître la situation du Tibet et d'aider les Tibétains. Mais rien ne surpasse l'action du dalaï-lama qui, à la fois moine bouddhiste, enseignant, avocat de la paix et de la compassion, chef politique du Tibet, ne cesse de séduire de plus en plus l'imagination et le cœur de milliers de personnes à travers le monde.

Avant de s'exiler en Inde, le dalaï-lama n'avait effectué qu'un seul déplacement hors du Tibet, à l'invitation de Mao. Puis, une fois en Inde, il ne quitta ce pays pour la première fois qu'en 1967. Il se rendit alors au Japon et en Thaïlande, où ses rencontres avec d'autres moines bouddhistes lui permirent de resituer le bouddhisme tibétain par rapport aux autres traditions bouddhistes et de constater avec joie qu'en dépit de certaines différences culturelles, les pratiques de base du bouddhisme se retrouvaient d'un pays à l'autre.

Mais, en même temps, se posa le problème de son rôle – religieux ou politique – lors de ses visites dans des pays qui entretenaient des relations diplomatiques et commerciales avec la Chine. Les Chinois firent évidemment pression sur les gouvernements étrangers en annonçant que

toute réception officielle du dalaï-lama serait considérée comme une interférence dans leurs affaires intérieures.

Aujourd'hui, cet interdit est encore en vigueur, ce qui signifie que le dalaï-lama ne peut être reçu à l'étranger que s'il vient pour enseigner, participer à une conférence ou se faire l'avocat de la paix.

Son gouvernement en exil n'étant généralement pas reconnu sur la scène internationale, il n'est censé aborder aucune question politique avec des officiels étrangers. Souvent, il ne peut les rencontrer en public que s'ils sont accompagnés du représentant des instances religieuses du pays. Il a, cependant, rencontré Bill Clinton et John Major à l'occasion de réceptions ou de visites privées.

Ci-dessous : le dalaï-lama avec Heinrich Harrer au vernissage de l'exposition de photos de Harrer, dans le cadre de la célébration de l'année internationale du Tibet. New York, 1990.

Mais le diktat chinois ne l'empêche pas d'être invité partout et ne diminue en rien l'enthousiasme qu'il éprouve à entrer en contact avec des personnes d'horizons divers.

> *Ce qui me ravit tout particulièrement, c'est l'occasion que m'offrent mes voyages de parler avec des personnes aux modes de vie très variés – pauvres ou riches, avec ou sans instruction, croyantes ou non.*
>
> LE QUATORZIÈME DALAÏ-LAMA

UN VOYAGE EN EUROPE

En 1973, un voyage de six semaines dans onze pays européens permit au dalaï-lama d'aller à la rencontre de l'Occident. Impatient de découvrir des villes européennes dont il n'avait jusque-là eu connaissance que dans les livres, il était aussi curieux des différences culturelles entre l'Est et l'Ouest.

Toutefois, il se souvient qu'en voyant des arbres et des maisons, alors que l'avion s'approchait de l'aéroport de Rome – première étape de son voyage –, il s'est dit qu'il reconnaissait les arbres et les signes d'un habitat humain et que par conséquent les différences ne devaient qu'être superficielles.

À Rome, il rencontra le pape Paul VI et se réjouit de constater que tous deux s'accordaient sur l'importance de la foi, quelle qu'elle fût. Ce fut aussi l'occasion pour lui de revoir avec beaucoup de plaisir son vieil ami Heinrich Harrer. En Suisse, il rencontra quelques-uns des deux cents enfants tibétains adoptés par des familles suisses.

Cette expérience fut très émouvante, mais teintée de tristesse, la plupart de ces enfants ayant oublié leur langue maternelle.

Ci-contre: une foule d'admirateurs accueillant le dalaï-lama en Pologne.

En dépit d'un rythme qui ne permettait que des impressions superficielles, ce premier voyage international fut pour le dalaï-lama un événement à la fois surprenant et exaltant qui, en même temps, stimula l'intérêt des Européens pour le Tibet et le bouddhisme tibétain et fut suivi d'une foule d'invitations.

> *Où que j'aille, je rencontre la même gentillesse, la même hospitalité et la même soif d'informations au sujet du Tibet. À n'en pas douter, mon pays suscite de par le monde un intérêt très profond chez beaucoup de personnes.*
>
> LE QUATORZIÈME DALAÏ-LAMA

« HELLO, DALAÏ ! »

En 1979, le dalaï-lama fit son premier voyage aux États-Unis, conscient de leur réputation de pays le plus riche et le plus libre du monde. Il y fut accueilli par un « Hello dalaï ! », en première page du *New York Times*, qui inaugura la visite d'une manière amusante.

Bien qu'il ait déjà fait en Europe l'expérience du choc culturel entre l'Est et l'Ouest, il lui restait à découvrir ce qui est sans doute la pierre de touche de la culture moderne occidentale et le standard de toutes ses valeurs. En ce sens, cette rencontre avec les États-Unis fut pour le dalaï-lama un événement et une source de réflexion particuliers.

Ayant inévitablement subi l'influence de la propagande chinoise anticapitaliste lors de son séjour en Chine, le dalaï-lama avait enfin l'occasion de se faire une opinion par lui-même. Sa première impression fut favorable. La population des États-Unis pouvait apparemment s'exprimer et vivre à sa guise. Il trouva les gens ouverts, amicaux et désireux de l'entendre parler de lui et du Tibet. À chaque fois qu'il prenait la parole, l'accueil était chaleureux – en dépit d'un anglais qu'il jugeait lui-même limité –, et il apprécia beaucoup l'enthousiasme juvénile de ses auditoires estudiantins.

Toutefois, il eut des surprises qui donnèrent une certaine crédibilité aux critiques des communistes. Il fut effaré de voir des mendiants dans un pays si prospère et se sentit mal à l'aise devant l'inégalité des niveaux de vie que traduisait la présence de riches et de démunis dans les mêmes rues des grandes villes.

Il observa que la richesse ou la volonté d'y accéder engendraient un stress et une anxiété qui obligeaient à prendre des tranquillisants pour dormir. Il trouva aussi que le culte de l'individualisme, en libérant dans une certaine mesure des contraintes de la famille et de sa classe sociale, était source de désunion et de solitude. Quant à la fameuse liberté de pensée – tant admirée par les Occidentaux –, elle conduisait parfois à des positions trop tranchées qui tendaient à ignorer la relativité des choses et les degrés entre deux extrêmes.

Initiation Kalachakra à Madison, Wisconsin, 1979.

Maintenant, mieux je connais ce pays et plus j'observe que, par certains côtés, le système politique américain n'est pas à la hauteur de ses idéaux.

LE QUATORZIÈME DALAÏ-LAMA

Il n'en reste pas moins que le dalaï-lama trouve aux États-Unis beaucoup de sujets d'admiration, et ce fut au Madison Square Garden, à New York, qu'il choisit en 1992 de donner une série d'enseignements exceptionnels ainsi que l'initiation *Kalachakra*.

Les États-Unis comptent de nombreux centres bouddhistes ; les dons qui permettent la réalisation de projets concrets y sont plus facilement récoltés qu'ailleurs, et toutes les activités liées au bouddhisme tibétain sont le résultat d'un dévouement enthousiaste.

De l'impression globale qu'il eut de l'Occident, le dalaï-lama conclut à la valeur incontestable de la démocratie, ce qui conduisit à de grands changements dans le gouvernement tibétain en exil. Ayant pu observer les deux extrêmes, communisme et capitalisme, le dalaï-lama estima qu'une approche médiane, tenant des deux systèmes, était probablement la meilleure façon de procurer à la fois prospérité matérielle et bonheur. Mais de leur côté les Occidentaux, déçus par le matérialisme et fatigués par les convoitises qu'il suscite, ont également été influencés par les visites du dalaï-lama. Aujourd'hui, les États-Unis, comme l'Europe, comptent un nombre toujours croissant de communautés bouddhistes. Ces communautés offrent une alternative positive et structurée aux grands courants de la culture occidentale et les valeurs qu'elles préconisent commencent à influer sur les sociétés où elles se sont implantées.

L'ATTRIBUTION DU PRIX NOBEL

En 1989, le prix Nobel de la paix fut attribué au dalaï-lama. Cette récompense permit la reconnaissance internationale de ses efforts pacifiques pour résoudre le problème du Tibet et un élargissement considérable de son audience.

Il en résulta une multiplication des comités de soutien au Tibet à travers le monde, en même temps qu'un accroissement de l'intérêt que lui-même suscitait. Nombreux furent ceux qu'il toucha autant par sa générosité et sa chaleur que par sa profonde préoccupation quant au sort de son pays et de son peuple.

Le dalaï-lama à une conférence sur la survie planétaire, à Oxford, Angleterre.

> *Je suis très heureux d'être ici avec vous aujourd'hui pour recevoir le prix Nobel de la paix. Je me sens très honoré, très ému, moi qui suis un humble moine bouddhiste venu du Tibet. Je n'ai rien de particulier, mais je pense que ce prix est une reconnaissance de la vraie valeur de l'altruisme, de l'amour, de la compassion et de la non-violence que j'essaie de pratiquer en accord avec les enseignements du Bouddha et des grands sages de l'Inde et du Tibet. J'accepte ce prix avec une profonde gratitude au nom de tous les opprimés et de tous ceux qui luttent pour la liberté dans le monde, et comme un tribut au fondateur de la tradition moderne de la non-violence considérée comme moyen de changement. Je veux parler du Mahatma Gandhi, dont la vie a été pour moi une source d'enseignement et d'inspiration. Et, bien entendu, je l'accepte au nom des six millions de Tibétains, mes valeureux compatriotes, qui vivent au Tibet, ont enduré et continuent à endurer tant de souffrances. Ils sont confrontés à une stratégie calculée et systématique qui vise à la destruction de leur identité nationale et culturelle. Ce prix permet de réaffirmer notre conviction qu'avec la vérité, le courage et la détermination, qui sont nos seules armes, nous parviendrons à libérer le Tibet.*
>
> LE QUATORZIÈME DALAÏ-LAMA

LES VOYAGES AUJOURD'HUI

Le dalaï-lama reçoit plus d'invitations qu'il ne peut, malheureusement, en accepter. Celles qui concernent les enseignements ou les conférences lui sont envoyées un an ou deux à l'avance afin qu'elles aient une chance d'être incluses dans son programme, toujours très chargé. Quand l'invitation est acceptée, c'est alors, pour les heureux correspondants, le commencement de dix-huit à vingt-quatre mois de tout un travail d'organisation. dont je peux vous donner une idée en vous relatant la préparation de la visite du dalaï-lama au Royaume-Uni, en 1996 – lors de laquelle j'ai été chargée du filmage vidéo.

L'invitation émanait de trois organisations, dont les tâches relatives à la préparation de cet événement furent coordonnées par le Bureau du Tibet au Royaume-Uni. Parmi elles, le Réseau des organisations bouddhistes du Royaume-Uni était de création récente et avait vu ses membres brusquement pris d'inquiétude à l'idée de cette invitation. L'on avait entendu au cours des discussions préliminaires des questions du genre : « La vente des billets suffira-t-elle à couvrir les frais d'organisation ? »

Puis l'enthousiasme l'avait emporté et cette organisation s'était jointe à la Société du Tibet et à la Société bouddhiste pour faire parvenir une invitation au dalaï-lama, qui fut acceptée.

Le dalaï-lama au Centre Camden. Londres, 1984

On loua des salles qui pouvaient accueillir un public nombreux : à Londres, le palais Alexandra pour une conférence du dalaï-lama, des danses tibétaines et une conférence interreligieuse ; le Barbican Center pour l'enseignement des « Quatre Nobles Vérités » ; et dans le nord, à Manchester, le Free Trade Hall, pour une autre conférence. La Société bouddhiste – organisation qui regroupe les bouddhistes de toutes les traditions – préparera de son côté une petite réception pour l'ensemble les délégués bouddhistes de Grande-Bretagne. Une conférence de presse avait été prévue dans la salle du Jubilé au Parlement, ainsi qu'un thé en compagnie de la reine mère.

Plus l'échéance se précisait, plus la tension augmentait. On s'arrachait les derniers billets et l'on ne songeait plus qu'à trouver un moyen d'approcher le dalaï-lama en se tenant près d'une entrée ou d'une sortie, de se faire bénir par lui ou encore de lui serrer la main.

Le grand jour arriva enfin. Les Tibétains résidant en Grande-Bretagne, vêtus de leur costume traditionnel, des écharpes blanches ou des paquets d'encens à la main, firent une haie le long du parcours du dalaï-lama. Un service d'ordre s'efforçait de contenir la foule dont la présence démontrait l'importance de l'événement qui n'avait pourtant pas été annoncé publiquement. Nous avons disposé nos caméras et nous avons attendu.

Des clameurs éclatèrent dès qu'apparut la première voiture du défilé. Puis le dalaï-lama sortit de sa voiture, souriant, riant, serrant toutes les mains à sa portée. Ceux qui eurent ce bref contact physique avec lui éprouvèrent tant d'émotion que la plupart pleurèrent de joie.

Juste avant d'entrer dans la maison qui serait la sienne pendant la durée de son séjour, il se retourna, adressa des signes de la main à la foule et sourit à ceux qu'il reconnaissait. Puis il alla se reposer et prier avant d'entreprendre son épuisante visite de dix jours.

Nous arrivâmes dès l'aube pour installer notre matériel vidéo au palais Alexandra où régnait déjà une activité fébrile dans une atmosphère de bonne volonté et d'enthousiasme. Tandis que le soleil de juillet commençait à filtrer à travers les immenses vitraux, la salle se remplissait peu à peu de milliers de personnes. Des danseurs et chanteurs tibétains firent patienter la foule. On annonça un retard, le cortège du dalaï-lama ayant été bloqué. Des murmures déçus, mais bon enfant s'élevèrent de la salle qui continua à attendre patiemment. Puis soudain il fut là, sur la scène, accueilli par un tonnerre d'applaudissements des plus chaleureux.

Sa conférence fut très brève ce matin-là, non seulement à cause de son retard, mais aussi parce que la foule applaudissait à chacune de ses paroles – ou presque –, emportée par son enthousiasme et sa dévotion. Mais, nullement contrarié, le dalaï-lama s'adaptait à l'humeur de son auditoire, plaisantait et provoquait des explosions de rire. Puis ce fut terminé. Il disparut. Lentement, le visage souriant, les gens se dispersèrent tandis que nous remballions notre matériel pour aller l'installer dans une autre salle.

Partout où il se rendit, le dalaï-lama ne cessa de soulever l'enthousiasme. Il reçut le même accueil aussi bien de la part de bouddhistes fervents et de militants pour la libération du Tibet que d'auditeurs simplement conquis par sa personnalité, attentifs à ses paroles et soucieux d'appliquer ses conseils dans leur vie quotidienne. L'expression de sa sagesse est souvent empreinte d'humour, il rayonne de compassion et il touche les gens tout simplement en mettant ses idéaux en pratique.

Quand vous êtes en sa présence, l'amour universel devient tangible, tout comme la sensation de paix et de sérénité intérieure qui émane également de sa personne, même au beau milieu de l'agitation que suscitent ses visites.

Le dalaï-lama enseignant les Quatre Nobles Vérités au Centre Barbican. Londres, 1996.

Amour, paix, sérénité : ces valeurs humaines sont des archétypes qui ne peuvent que toucher l'humanité tout entière. Ce que le dalaï-lama est et enseigne se situe au-delà des barrières de la nationalité, de l'âge, de la culture ou de la foi.

Les personnes qui le rencontrent éprouvent généralement beaucoup de gratitude en se disant qu'ils ont croisé le chemin d'un homme remarquable.

Il est vraiment le porte-parole international d'une sagesse millénaire qu'il sait parfaitement faire vivre dans le monde moderne.

8

Une interview du dalaï-lama

Le 4 juillet 1996, j'ai suivi l'une des deux rues principales de McLeod Ganj pour aller interviewer le dalaï-lama dans sa résidence. L'air de l'après-midi était lourd et humide, la pluie menaçait en ce début de mousson et, après le contrôle de sécurité, je fus soulagée de me trouver dans une pièce climatisée où je me ressaisis et rassemblai mes idées. Bientôt, Tenzin Geyche, le secrétaire privé du dalaï-lama, qui devait, au besoin, me servir d'interprète pendant l'entretien, me fit entrer dans un salon spacieux et confortablement meublé. Le dalaï-lama m'y attendait déjà et, après m'avoir accueillie chaleureusement et mise à l'aise, suggéra que nous nous asseyions et commencions l'interview. Je lui résumai brièvement le livre que j'étais en train d'écrire puis me lançai en lui posant ma première question.

GILL FARRER-HALLS : ***Quel message, tiré des enseignements du Bouddha, aimeriez-vous que chacun connaisse et applique ?***
LE DALAÏ-LAMA : L'altruisme et la bonté, non seulement à l'égard des humains, mais également à l'égard des animaux – de tous les êtres vivants. Que l'on soit ou non bouddhiste, si l'on se préoccupe d'écologie et des droits des animaux, en se battant individuellement ou en association pour qu'ils ne soient plus maltraités, alors on fait le bien. De plus, je pense qu'en développant une attitude altruiste, pas uniquement pour soi, pour l'humanité, mais aussi pour toutes les formes de vie, nous développons le pacifisme, la non-violence. Les préceptes de la morale laïque sont également une bonne chose.

GFH : ***Que pensez-vous de la rencontre entre le bouddhisme tibétain et les valeurs de la société occidentale moderne ?***
DL : Le bouddhisme et, à n'en pas douter, toutes les grandes religions du monde visent à soulager la souffrance et à résoudre les problèmes fondamentaux de l'humanité. C'est particulièrement vrai pour le bouddhisme qui donne à l'homme le moyen de venir à bout de ses difficultés par l'effort mental. Au plan émotionnel, je pense qu'il n'existe pas de différences essentielles entre les Occidentaux et les Orientaux. Au-delà de leurs spécificités culturelles, les gens sont les mêmes, ou se ressemblent, et peuvent donc tous être concernés par le bouddhisme.

Page de gauche : le dalaï-lama plongé dans ses réflexions.

Ci-contre: le dalaï-lama, d'une humeur joyeuse.

À l'extrême droite : le dalaï-lama répondant avec conviction à une question.

Généralement, quand les gens tournent leur regard vers les traditions bouddhistes, ils le font à partir de repères artistiques ou musicaux et, de ce fait, n'en retirent qu'une impression générale. Des personnes peuvent s'intéresser à la robe que portent les moines d'une certaine tradition religieuse et conclure de leur observation qu'elle leur donne une idée des pratiques religieuses de ce moine.

Mais, bien entendu, des différences existent d'une religion à l'autre. Habituellement, quand on entend le mot « bouddhisme », on pense aussitôt à des temples, ou des choses comme ça, mais si l'on visite la grotte de Milarepa, on ne peut pas se dire que c'est un lieu bouddhique, ou chrétien. Il n'y a rien. C'est seulement une grotte vide. Je pense donc que le bouddhisme, ce sont les Quatre Noble Vérités (la souffrance, les causes de la souffrance, la cessation de la souffrance et la voie qui y conduit) et deux vérités (la réalité conventionnelle – notre manière de percevoir le monde – et la réalité fondamentale – c'est-à-dire la façon dont les choses existent vraiment), et rien de tout cela ne se comprend ni ne se vit sans effort mental. Et que l'on soit occidental ou asiatique, il n'existe pas de différences pour ce genre de choses.

GFH : ***Pourquoi passez-vous de plus en plus de temps en Occident ?***

DL : J'y suis constamment invité !

GFH : ***Comment expliquez-vous l'intérêt que suscitent le dalaï-lama et le bouddhisme tibétain en Occident ?***

DL : À ce sujet, je ne parlerai pas de l'Occident en général. Mais il est vrai que parmi les Occidentaux un certain nombre de personnes manifestent de l'intérêt pour la philosophie et la pensée orientales et, effectivement, pour le bouddhisme. Il me semble qu'il y a en premier lieu une certaine curiosité pour quelque chose d'inhabituel. Cela n'a rien d'extraordinaire. Je pense que l'être humain recherche toujours la nouveauté. En Occident, j'ai l'impression qu'il y a sans cesse de nouvelles chansons, de nouvelles danses, de nouvelles modes. Dans le domaine spirituel, c'est pareil : on a aussi envie de nouveauté. À propos du bouddhisme, on parle beaucoup de l'exercice des facultés mentales, d'une combinaison de la foi et de la sagesse, de l'intelligence et de la foi. Et cela apparaît comme quelque chose de nouveau. Certains savants ont dit que le bouddhisme en général, et le bouddhisme tibétain en particulier, associe très bien la foi à la sagesse. Ainsi la pratique religieuse qui fait appel à la méditation analytique utilise les capacités intellectuelles de l'être humain, et c'est ce que l'on apprécie réellement en Occident.

Mais la méditation n'est pas réservée aux bouddhistes. Autrefois, elle jouait aussi un rôle important dans la chrétienté et il y a encore des sœurs et frères chrétiens qui s'y intéressent sincèrement. Il me semble que c'est une très bonne chose. On peut rester chrétien tout en adoptant des techniques qui ont cours dans d'autres traditions religieuses. Je crois que ce sont là les vraies raisons de l'intérêt que suscite le bouddhisme en Occident. La plus persuasive d'entre elles étant sans doute le fait que la voie et l'approche bouddhistes soient considérées par des praticiens très sérieux comme un ensemble de techniques mentales qui permettent de diverses façons de développer nos qualités et de réduire ce que nous avons de négatif en nous.

Le bouddhisme est également rationnel et logique. J'ai rencontré des chrétiens pour qui le christianisme était rationnel et le boudhisme irrationnel. C'était pour eux quelque chose d'évident, qui ne se discutait pas, et je n'ai pas compris. (Rires.) De très sérieux praticiens qui font des expériences inédites grâce à la méditation l'apprécient de plus en plus.

GFH : ***Que pensez-vous des films que l'on vous consacre en ce moment ?***

DL : Ça me laisse plutôt indifférent. Néanmoins ces films peuvent permettre une plus large prise de conscience de la situation au Tibet et, de ce fait, être très utiles. Parmi les personnes impliquées dans la préparation de ces deux films, il y en a qui sont sensibles au problème du Tibet. Ces personnes manifestent de l'enthousiasme parce qu'elles pensent que ces films seront une bonne chose pour les Tibétains. Il me semble qu'elles ne pensent pas à l'argent, et je perçois une sorte de principe moral dont je me réjouis.

J'ai vu un genre de bande-annonce du film qui raconte l'histoire de ma vie, et quand j'ai découvert les jeunes garçons qui jouent le rôle du dalaï-lama – en fait, ils sont trois –, je me suis dit qu'à leur âge j'étais beaucoup plus brillant qu'eux ! (Un grand rire.) Les décors sont tous artificiels. Tout a été recréé de façon remarquable, avec une grande minutie.

GFH : ***Quels leaders internationaux admirez-vous, et pour quelles raisons ?***

DL : D'abord, le président Mao ! (Rires.) Non, franchement, par certains côtés, c'était un grand leader. Il m'a aussi donné quelques conseils utiles. Bien sûr, au fil du temps, il a révélé des côtés négatifs. D'autres dirigeants chinois m'ont également impressionné pendant mon séjour en Chine, en 1945. Puis, en Inde, en 1956, j'ai rencontré le premier président indien [le Dr. Rajendra Prasad], un grand leader. Il n'a peut-être pas été une figure internationale, mais j'éprouvais pour lui beaucoup de respect. Nehru, à sa manière, était un grand homme politique et, par certains côtés, plus occidental qu'indien.

Parmi les dirigeants politiques occidentaux que j'ai rencontrés, Willy Brandt m'avait fait grande impression. Pour parler de ceux qui sont encore vivants, je pense à Vaclav Havel, bien que j'aie entendu, récemment, des critiques à son encontre. Et puis, il y a Nelson Mandela, bien sûr. L'admiration que j'avais pour lui avant qu'il soit président s'est accrue depuis son élection. Il est vraiment animé d'un esprit de réconciliation. C'est tout à fait remarquable. Je pense aussi à John Major. Je lui trouve un très beau visage, il me semble très agréable. Je ne connais pas bien sa politique, mais quand je l'ai rencontré, j'ai trouvé l'homme plaisant. Et puis j'ai vu il y a peu de temps le président taiwanais, Lee Teng-hui. Tout d'abord, en matière d'histoire de la Chine, c'est un véritable spécialiste. Ensuite, c'est le premier président jamais élu par le peuple en cinq mille ans d'histoire chinoise. J'ai aussi admiré chez lui sa grande spiritualité, sa soif de connaissance et de pratique dans ce domaine. Il a sur le christianisme des idées bien arrêtées.

GFH : ***Vous êtes favorable au dialogue interreligieux. Qu'apporte-t-il, selon vous ?***

DL : Une meilleure compréhension mutuelle, tout en créant une bonne impression auprès du public. Et puis les rencontres en elles-mêmes, les échanges d'expériences spirituelles, c'est quelque chose de très utile. En ce qui me concerne, j'ai assurément appris à évaluer l'efficacité du bouddhisme en le comparant à d'autres traditions religieuses. Maintenant, je comprends et je reconnais, avec un sentiment d'admiration, que toutes les grandes religions ont une utilité égale. J'ai par conséquent beaucoup de respect pour ces religions. Ces rencontres ont aussi créé chez certains frères et sœurs d'autres religions une attitude plus ouverte, plus positive, me semble-t-il. Si j'ai un peu participé à cette évolution, j'en suis très fier.

Mais mon travail ne consiste jamais à propager le Bouddhadharma [les enseignements du Bouddha]. Je me soucie plus de ce qui peut être utilement transmis que de la manière de répandre la doctrine. Ainsi, quand j'explique ou enseigne le bouddhisme à des Occidentaux, à des hindous, à tous ceux qui ne sont pas bouddhistes, j'ai toujours des hésitations. Quand ils viennent à une audience publique, je ne leur donne pas de pilules bénites, mais alors je crains que certains d'entre eux puissent trouver mon attitude discriminatoire. Les Occidentaux risquent de se dire que je n'en donne qu'aux Tibétains. (Rires.) Si je sais que quelqu'un est bouddhiste, je lui en donne. Autrement, j'ai le sentiment qu'une pilule sacrée, bénie suivant la tradition bouddhiste, n'est pas faite pour un non-bouddhiste.

Pour toutes les traditions religieuses, c'est la même chose. Si je me trouvais dans une église chrétienne et que le prêtre m'offre la sainte communion, je crois que je ne me sentirais pas très à l'aise. J'ai, bien sûr, beaucoup de respect pour le Christ et la tradition chrétienne, mais il me semble qu'il faut aussi y croire. C'est très important. Je respecte toutes les grandes religions, en ce sens qu'elles conviennent à beaucoup de personnes, mais cela ne signifie pas qu'elles me conviennent.

GFH : ***Quels sont les souvenirs les plus forts que vous gardez de votre vie au Tibet ?***

DL : Il y a des souvenirs heureux et des souvenirs effrayants. J'aimais toujours quitter le Potala pour aller au palais d'Été, le Norbulingka, dès que l'on était officiellement en été. C'est une saison magnifique : les pelouses devenaient toutes vertes, les abricotiers fleurissaient et les oiseaux chantaient. En mai 1993, au cours de ma visite au Royaume-Uni, je suis allé au pays de Galles pour la première fois. La campagne y est très belle. Devant le château [de Cardiff] il y avait des paons qui m'ont fait penser à mon propre palais, à Lhassa. Quand je suis parti, en mars 1959, là-bas aussi il y avait des paons. Je pense encore à eux et je me demande ce qu'ils sont devenus après mon départ.

GFH : ***Vous avez récemment déclaré que si le problème tibétain n'était pas résolu et que les Tibétains voulaient encore un dalaï-lama, vous vous réincarneriez hors du Tibet. Qu'est-ce que cela implique ?***

DL : Il y a des années que je dis cela. Cette dernière déclaration est à replacer dans un contexte spécifique, sur lequel

je pourrai revenir plus tard. Mais, de toute façon, si je disparais avant que l'on soit retourné au Tibet, et si le peuple tibétain veut que je continue mon travail, il sera logique que la réincarnation se fasse hors du Tibet. Le but de la réincarnation est de poursuivre la tâche entreprise et non achevée dans la vie précédente. Comme dans ma vie de quatorzième dalaï-lama j'ai commencé un combat pour la liberté qui n'est pas encore terminé, la tâche de la réincarnation suivante sera de continuer ce combat.

Les étés au Norbulingka comptent parmi les souvenirs heureux du dalaï-lama.

Si la prochaine réincarnation avait lieu au Tibet et si les Chinois manipulaient la situation, alors le travail commencé par le quatorzième dalaï-lama serait détruit. Certains dirigeants chinois ont affirmé que le sort du Tibet, politiquement parlant, dépend d'une seule personne, que cette personne vieillit et que, quand elle aura disparu, ils choisiront un nouveau dalaï-lama, un jeune. Le combat des Tibétains n'aura donc pas d'avenir. Les Chinois ont fait ces prévisions dès les années quatre-vingt et elles ne se sont pas réalisées. Mais maintenant il est nécessaire que je mette les choses au point, dans l'éventualité de ma disparition.

GFH : ***Comment conciliez-vous les données de la science moderne avec des pratiques comme la consultation de l'oracle ou le*** **mo *?***

DL : La science a besoin de choses bien définies. Si je ne me trompe, elle tient essentiellement compte de la réalité, de ses aspects physiques. Jusqu'à maintenant, elle s'est intéressée avant tout à la matière. Mais les choses abstraites, comme la conscience, existent aussi, bien qu'elles ne permettent ni calculs ni mesures. L'oracle, en particulier, est une autre forme de vie, et je crois à d'autres formes de vie que celle des humains et des animaux. On ne peut pas affirmer qu'existe seulement ce qui peut être l'objet d'une expérience scientifique. Au XIXe siècle, les scientifiques ont affirmé l'existence de certaines choses et ont limité toute forme d'existence à leurs observations. Puis le XXe siècle a fait de nouvelles découvertes. Le siècle prochain en fera a son tour, alors comment être sûr aujourd'hui de ce qui existe ou n'existe pas ?

Ci-dessus : le dalaï-lama tenant un petit tambour appelé damaru.

Je crois fermement que le champ scientifique va encore s'élargir. Jusqu'à présent, la science considère les oracles et autres phénomènes de ce genre comme des choses mystérieuses, n'est-ce pas ? Alors, évidemment, sous cet angle, il y a contradiction. Mais, comme à mes yeux la science est limitée et a encore beaucoup à apprendre, je ne vois pas, pour ma part, de contradiction.

GFH : ***Quels sont vos sentiments au sujet de la pratique tantrique [forme de méditation bouddhiste considérée comme le chemin le plus rapide vers l'éveil] et quels conseils donneriez-vous à ce sujet ?***

DL : Dans la communauté tibétaine, d'une façon générale, on abuse de cette pratique. Trois générations de Tibétains vivent maintenant ici [en Inde] et la majorité est bouddhiste depuis la tendre enfance. La foi a été transmise par la famille et elle abonde. Habituellement, la majorité des Tibétains inclut dans ses pratiques quotidiennes une forme ou une autre de *vajrayana* [tantra]. Mais il est clair que c'est une habitude sans fondement.

À l'instar des disciples d'Atisha qui vivaient il y a environ huit cents ans, certains maîtres tantriques pratiquent le *tantrayana* en secret. Aujourd'hui, dans les monastères, on voit des jeunes moines réciter des *sadhana* [prières associées à des visualisations] tantriques sans savoir ce qu'il faut. C'est très regrettable. La communauté bouddhiste n'a pas besoin de ces pratiques superficielles et mal conduites.

Les Occidentaux, qui ont un environnement et une tradition religieuse différents, s'intéressent aussi au *tantrayana*. Mais vous devez pratiquer les Quatre Nobles Vérités et les deux vérités, puis étudier avant de vous engager dans les autres pratiques. Une fois que vous vous êtes exercés à l'altruisme, que vous avez une certaine compréhension de *sunyata* [la vacuité, la philosophie selon laquelle rien n'existe en soi et tout est interdépendant], alors vous pouvez commencer la pratique du *tantrayana*.

C'est ainsi qu'il faut procéder. Une étude véritable, sincère du Dharma se fait pas à pas. Si l'on considère le Dharma comme un sujet d'études académiques, avec une démarche d'intellectuel, c'est une bonne chose. On peut tout apprendre de cette manière.

Nous, nous savons qu'il faut progresser pas à pas si l'on veut être réaliste. Des Occidentaux me demandent quelle est la méthode la plus rapide pour parvenir à l'éveil ; dans les livres, le tantra est décrit comme la meilleure méthode et la plus rapide de toutes. Mais ce n'est pas la plus rapide pour tout le monde. Elle ne l'est que pour ceux qui sont bien préparés, qui ont fait un travail de base. Si quelqu'un est à la recherche de la meilleure des universités, vous ferez remarquer à cette personne que cela dépend du sujet qu'elle veut étudier.

Une université peut être recommandée pour l'étude de la technologie, par exemple. Cela veut dire qu'elle est la meilleure pour ceux qui sont engagés dans cette étude. Pas pour les autres. De même, le tantra est ce qu'il y a de mieux pour ceux qui s'y sont déjà préparés. À bien des points de vue, cela me paraît très important.

La façon dont les Tibétains eux-mêmes pratiquent le bouddhisme me donne déjà des soucis. Alors, évidemment, j'en ai encore plus quand il s'agit d'Occidentaux. Je ne suis pas en train d'essayer de décourager les bouddhistes occidentaux de pratiquer le *tantrayana*, mais je leur recommande de ne pas faire l'impasse sur les études et pratiques préliminaires.

Ce que représente véritablement le nectar [offrande divine au Bouddha que l'on visualise ou qui est symbolisée par de l'alcool ou de l'eau teintée au safran au cours des cérémonies], c'est « la transformation de substances sales en une substance que l'on peut goûter comme du nectar ». Transformation que Naropa a effectivement réalisée après avoir reçu de Tilopa quelque chose de sale. La voie à suivre passe d'abord par une expérience profonde et une élévation spirituelle avérée. Ensuite on peut faire ce genre de pratique.

Il en va de même pour les pratiques sexuelles. Il y a eu, et c'est très regrettable, des scandales dans ce domaine. Un maître indien avait dit, autrefois, à l'un de ses disciples qu'il devait rester moine jusqu'à ce qu'il ait atteint un certain niveau de spiritualité. Plus tard, il lui a précisé que même s'il était capable de faire naître un fruit sur un arbre mort grâce au pouvoir de sa méditation, il n'était pas encore temps de quitter sa robe de moine. C'est seulement quand on est aussi capable de faire retourner le fruit sur l'arbre que l'on peut aborder la sexualité. Et cela parce que les pratiques sexuelles tantriques s'appuient sur les énergies subtiles qui montent et descendent entre les chakras. En réalité, ces pratiques n'ont rien à voir avec de simples rapports sexuels, même si elles ont tout l'air de se limiter à cela. La pratique tantrique est très dangereuse, très risquée. On peut facilement se méprendre et il faut donc être prudent.

GFH : *Comment méditez-vous ?*

DL : Habituellement, je médite quatre heures le matin et une heure et demie le soir, ce qui fait en tout entre cinq et six heures. Puis il y a la méditation formelle dont la plus grande partie est récitation et représente, en quelque sorte, une révision ou un rappel des pratiques. Il s'agit, surtout, de réciter des *mantra* ou des prières, ou d'adresser des louanges au Bouddha.

Ce n'est là que simple récitation. Le reste, ce sont les mots que l'on récite pour se souvenir de la réalisation et de la méditation analytique. Ces mots vous remettent en mémoire les pratiques que vous devez faire, si bien que leur récitation constitue une vraie pratique au lieu d'être simplement la récitation de *mantra* ou de prières. Ma pratique concerne essentiellement l'altruisme, l'impermanence, la *bodhicitta* [l'aspiration altruiste à aider tous les êtres à atteindre l'illumination] et la vacuité. Oui, ce sont là ses principaux aspects.

Bien, merci !

Ci-dessous : le dalaï-lama et le président Nelson Mandela. Afrique du Sud, 1996.

Troisième partie

~

LE BOUDDHISME TIBÉTAIN

9

Une introduction au bouddhisme tibétain

Le bouddhisme tibétain est l'un des nombreux développements auxquels ont donné lieu les enseignements originaux du Bouddha. D'autres écoles sont apparues au Sri Lanka, en Thaïlande, en Birmanie, et ont donné ce que l'on appelle les traditions du théravada. *Les enseignements du Bouddha se sont également répandus au Japon, en Chine, au Viêt-nam et en Corée où a fleuri le bouddhisme zen.*

Pages précédentes. À gauche : ***prières et mantra cousus en un rouleau pour être introduits dans la roue d'un moulin à prières.*** *En haut à droite :* ***jeune nomade tibétaine. En bas à droite : membres de l'Institut tibétain des arts du spectacle.***

Ci-contre : ***distribution d'offrandes à Bodhgaya, en Inde.***

Page de droite : ***un pèlerin priant sous l'arbre de la Bodhi.***

Aujourd'hui, le bouddhisme continue à voyager, mais cette fois-ci vers l'Occident où, avec le temps, il s'adaptera aux traditions occidentales. Par conséquent, pour comprendre le bouddhisme tibétain, il convient de le resituer dans un contexte qui permet de se pencher sur ses origines, c'est-à-dire sur la vie et les enseignements du Bouddha Sakyamouni, fondateur du bouddhisme.

Le prince Siddhartha Gautama naquit, six cents ans environ avant Jésus-Christ, dans un petit royaume des contreforts de l'Himalaya, près de la frontière entre l'Inde et le Népal. Sa naissance combla son père, le roi Shuddhodana, chef du clan des Sakya, qui ne douta pas un instant que son héritier lui succéderait à la tête du clan après sa mort. Toutefois il jugea préférable, au cours des festivités qui eurent lieu pour la naissance de l'enfant, de faire bénir le petit prince par un saint homme, nommé Asita et célèbre pour ses prédictions. Observant le visage du bébé, Asita comprit immédiatement qu'il avait devant lui un grand maître religieux et en fut bouleversé.

L'émotion et la révérence que manifestait Asita à l'égard de l'enfant intriguèrent Shuddhodana qui ordonna au saint homme de prononcer ses prédictions sans plus attendre. Se doutant que le roi n'apprécierait nullement d'apprendre que son fils renoncerait à lui succéder, Asita essaya de prévenir la colère du souverain en annonçant de manière ambiguë que Siddhartha serait soit un grand roi, soit un grand chef religieux. Persuadé que seules les

Le bouddhisme est plus qu'une religion asiatique.

LE QUATORZIÈME DALAÏ-LAMA

En haut à droite : le Bouddha Jowo au Jokhang, à Lhassa. Statue la plus vénérée du Tibet, bénie, dit-on, par le Bouddha Sakyamouni.

En bas à droite : statue du Bouddha coiffée d'une kata (écharpe blanche qui est une offrande traditionnelle).

épreuves de l'existence pourraient convaincre son fils de se tourner vers la religion, le roi décida de lui réserver, à l'intérieur même du palais, un univers de plaisir dont il ne sortirait jamais.

Siddhartha grandit entouré de beauté et de luxe. On alla au-devant de tous ses désirs, dans un palais qui était un paradis pour les sens et dont toute laideur et tout déplaisir étaient bannis. L'indulgence de son père ne connaissait qu'une limite : l'interdiction pour son héritier de jeter le moindre regard vers le monde extérieur avant d'approcher de son trentième anniversaire. Siddhartha ne se soucia pas particulièrement de cet interdit, mais quand approchèrent ses trente ans, le luxe et la sensualité avaient fini par le lasser. Même sa superbe femme et son fils ne purent le distraire de sa lassitude. Alors son père fit entreprendre un grand nettoyage des alentours du palais et autorisa Siddhartha à sortir trois fois.

Mais, en dépit de sa toute-puissance, le roi ne fut pas en mesure de dissimuler les duretés fondamentales de la vie, et Siddhartha vit un vieillard, un malade et un cadavre. En interrogeant ses serviteurs, il apprit qu'avec la naissance, la maladie, la vieillesse et la mort constituaient le lot habituel de l'existence et que lui-même n'y échapperait pas. Cette découverte le plongea dans le désespoir et, assis près de la rivière, la tête entre les mains, il médita sur les souffrances de la vie. Puis son regard rencontra un saint homme dépourvu de tout bien, en haillons et qui, pourtant, rayonnait de satisfaction et semblait indifférent à sa misère. « Voilà la réponse à tous les maux », pensa Siddhartha qui décida de se vouer à la spiritualité.

Ci-contre : un moine, au Népal, tenant un rosaire et une photo du dalaï-lama.

Cette nuit-là, il s'enfuit du palais, coupa ses cheveux, abandonna ses riches vêtements et entreprit son cheminement spirituel. Il voulut rencontrer les grands saints de l'époque et, s'attardant auprès d'eux, apprit tout ce qu'ils pouvaient lui apprendre. Mais, toujours insatisfait, il se livra à diverses méditations et finalement alla vivre dans la forêt avec quelques compagnons, en quête comme lui de vérité, et pratiquant un ascétisme extrême. Au bout du compte, à demi affamé et nullement apaisé, il se remit en route, arriva à la rivière, et là, rencontra une jeune fille qui trayait des vaches. Elle lui offrit un bol de lait et de riz qu'il l'accepta et, tandis qu'il absorbait cette nourriture, il comprit qu'un ascétisme rigoureux n'avait pas plus répondu à ses attentes que les plaisirs sensuels auxquels il s'était adonné autrefois. Il fallait sans doute mieux, se dit-il, suivre une voie médiane.

Ses compagnons l'abandonnèrent en l'accusant, avec mépris, de baisser les bras. Alors Siddhartha décida de s'asseoir sous un pippala et de méditer jusqu'à ce qu'il trouvât les réponses qu'il cherchait. Plongé dans une méditation profonde, il vit les démons du désir et de l'ignorance de la vraie nature des choses danser devant lui, mais resta impassible. À l'heure où la lumière de l'aube filtrait à travers les feuilles de l'arbre, il posa sur le monde un regard neuf, qui allait au-delà de la dualité du plaisir et de la souffrance, de la vie et de la mort. Siddhartha avait atteint l'illumination et l'état de nirvana.

Au centre :
Thangka représentant le Bouddha et les seize Arhats.

Ci-dessus : *statue de Chenrézi avec une kata.*

Ci-contre : *statue de Guru Rimpoché au Jokhang, 1994.*

Page de droite : ***Tibétaine en pèlerinage contemplant la roche du Bouddha sur le Lingkor, chemin circumambulatoire, à Lhassa.***

LA VOIE BOUDDHISTE

> *Le précepte fondamental du bouddhisme est l'interdépendance, ou la loi de cause à effet. Cela signifie simplement que dans toutes les expériences que nous faisons, l'action dérive de la motivation.*
>
> LE QUATORZIÈME DALAÏ-LAMA

Devenu le Bouddha, Siddhartha passa le reste de sa vie à enseigner et à ordonner ceux qui choisissaient la vie monastique. Il ne prodiguait ses enseignements que si on le lui demandait et, chaque année, se retirait pendant plusieurs mois pour méditer. Plutôt que de chercher à établir un culte ou une religion rigide, il préféra être un ami ou un guide spirituel pour ceux qui cherchaient leur propre voie vers l'illumination. Il s'adapta aux différents niveaux de ses auditoires et sut parler des plus profondes vérités d'une façon très simple. Un don qui est aussi celui du dalaï-lama, qui aime affirmer : « Ma religion est la bonté. »

Mais que signifie être bouddhiste ? La réponse est d'autant moins évidente que le mot « bouddhiste » est une invention récente des Occidentaux. Les Tibétains et les autres bouddhistes d'Asie préfèrent dire qu'ils suivent les enseignements du Bouddha. Cette subtile nuance de langage est en fait lourde de sens, car l'on comprend que le bouddhisme est une manière de vivre au quotidien et non une étiquette que l'on s'attribue facilement ou une simple préoccupation intellectuelle.

Ci-contre : ***Moulins à prières, Katmandou, Népal.***

> *Ayez du courage. Soyez éveillés et vigilants. Souvenez-vous aussi que le bouddhisme ne donne pas des « bouddhistes », c'est-à-dire qu'il ne permet pas de s'attribuer une nouvelle identité. Il ne consiste pas non plus à emmagasiner des connaissances, à accumuler des pratiques et des techniques. Son but est de nous permettre de cesser de nous accrocher aux formes et aux concepts et, ainsi, de nous libérer.*
>
> JOHN SNELLING

Cela étant dit, il existe, bien entendu, une définition conventionnelle de ce qu'est un (ou une) bouddhiste. Être bouddhiste, c'est avoir pris refuge dans les Trois Joyaux que sont le Bouddha, le Dharma et la Sangha. La prise de refuge implique confiance, engagement et reconnaissance d'une possibilité de refuge quand le monde nous semble chaotique. Le Bouddha est le Bouddha Sakyamouni – le Bouddha historique –, mais les enseignements nous disent que notre maître est inséparable du Bouddha, si bien que le Bouddha peut aussi être notre maître, quelqu'un comme le dalaï-lama. Le Dharma est la doctrine du Bouddha – soit transmise oralement, soit écrite –, ses paroles de sagesse. La Sangha est la communauté monastique. Parfois, on considère qu'elle englobe aussi nos amis spirituels qui nous offrent leur soutien comme nous leur offrons le nôtre.

L'enseignement le plus fondamental du Bouddha est peut-être celui des Quatre Nobles Vérités, en ce sens qu'il résume clairement le passage du *samsara* au nirvana. Le *samsara* est souvent représenté par une roue – la roue de la vie qui comporte douze phases de vie et de mort, six royaumes d'existence, et les trois poisons : ignorance, désir

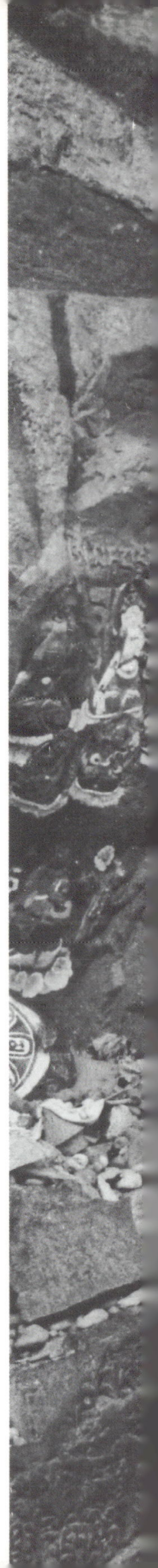

Ci-dessus: *Jamyang Khyentse Chokyi Lodro.*

Ci-dessous : *Dilgo Khyentse Rimpoché.*

et aversion, qui nous maintiennent enfermés dans le cycle des réincarnations. La roue est tenue par Mara, le démon de l'illusion, qui la serre entre ses bras. Le nirvana est la fin de la naissance et de la mort. Il nous arrache à la roue de la vie quand nous atteignons l'illumination. Cependant, il ne se situe pas au-delà du *samsara.* Il n'est jamais séparé de ce que nous sommes réellement, au fond de nous-mêmes, et qui se révèle quand nous nous débarrassons des voiles de l'illusion.

La Première Noble Vérité est la reconnaissance du fait que la vie est, de par sa nature même, insatisfaisante. Nous faisons l'expérience de la souffrance et de la mort ; nous voyons disparaître les choses, les situations, les personnes qui nous plaisent tandis que nous arrivent des expériences déplaisantes, sans que nous puissions contrôler ces changements incessants. La Seconde Noble Vérité est la révélation de la cause de notre frustration, laquelle n'est pas inhérente à la nature de notre monde insatisfaisant, mais à notre réaction au monde. Nos souffrances viennent non pas des choses elles-mêmes, mais de ce que nous convoitons ce qui nous manque pendant que nous haïssons ce que nous avons. Savoir qu'il est possible d'échapper à cette vie imparfaite constitue la Troisième Noble Vérité, la Quatrième nous indiquant les moyens de parvenir à cette libération, la voie qui s'ouvre devant nous à partir du moment où l'on comprend que notre comportement est fondé sur une conception erronée de la réalité et que l'on mesure la confusion qu'elle engendre.

LE DÉVELOPPEMENT DU BOUDDHISME TIBÉTAIN

Dans tous les pays où le bouddhisme s'est répandu, du Sri Lanka au Japon, on peut observer le même phénomène : au lieu de rejeter les dieux indigènes, les bouddhistes ont préféré les convertir à leur cause. Ainsi les gens peuvent continuer à utiliser leurs symboles religieux traditionnels dans le contexte d'un système de valeurs et de significations plus évolué. Le Tibet ne fait pas exception à la règle.

STEPHEN BATCHELOR

Né en Inde, le bouddhisme apparut au Tibet au cours du VIIe siècle, en grande partie grâce à Trisong Detsen qui invita, entre autres, le grand maître Padmasambhava à venir apporter le Dharma au peuple tibétain. Le bouddhisme se développa au Tibet en assimilant les pratiques de la religion *bon,* jusqu'au moment où le roi Langdarma entreprit de le combattre. Ce fut alors pour le bouddhisme le début d'une période noire qui ne s'acheva qu'au XIe siècle, notamment grâce au travail du grand maître Atisha et d'un ancien sorcier devenu yogi : Milarepa. Selon la légende, ce dernier passa des années à méditer dans une grotte isolée, en se nourrissant exclusivement d'orties. Ce qui lui aurait donné la couleur verte que les peintres lui ont souvent attribuée.

On distingue généralement trois grandes traditions bouddhistes – ou véhicules –, qui se développèrent après la mort du Bouddha. On vit apparaître en premier le *hinayana,* également appelé *theravada,* et qui est toujours pratiqué au Sri Lanka, en Thaïlande et en Birmanie. Souvent appelé aussi – non sans engendrer une certaine confusion – le petit véhicule, l'*hinayana* perpétue les enseignements de base du Bouddha historique. Le

Moines japonais à la pagode de la Paix, dans le parc Battersea, à Londres.

mahayana, autre grande tradition, ajouta à ces enseignements les développements éthiques et philosophiques qui étaient intervenus en Inde. Quant au *vajrayana,* ou bouddhisme tantrique, on peut le considérer comme une troisième étape dans l'évolution de l'enseignement bouddhiste. Associant symbolisme, idée de transformation, utilisation des énergies subtiles du corps, il constitue ce que l'on appelle le «sentier rapide». Les deux autres voies demandent plusieurs vies pour atteindre l'illumination ou l'état-de-Bouddha, alors que l'adepte tantrique peut y parvenir dans sa vie présente.

Le bouddhisme tibétain est à la fois mahayaniste et tantrique et comprend quatre écoles principales. Mais, comme le souligne le dalaï-lama, le mahayana s'étant développé à partir du *hinayana,* il comprend les mêmes enseignements que ceux du *hinayana,* et convient donc aux débutants. Mais il faut commencer par longuement étudier les soutras – les enseignements du Bouddha qui ont été transcrits environ cinq cents ans après sa mort – et apprendre à pratiquer la méditation qui développe la clarté de l'esprit et la concentration unifiée de l'esprit sur un seul objet avant de pouvoir entreprendre les pratiques tantriques. Il faut être prudent lorsque l'on veut suivre le sentier rapide, sinon le pratiquant qui n'a pas suffisamment préparé son esprit à une évolution rapide peut s'exposer à des troubles mentaux.

L'une des motivations qui sous-tendent la pratique du *mahayana* est la *bodhicitta*, l'aspiration altruiste à aider tous les êtres à atteindre l'illumination avant d'accepter de se soustraire soi-même au *samsara*. La personne qui fait ce vœu et s'applique à le réaliser est un bodhisattva.

J'essaie de vivre en poursuivant ce que j'appelle l'idéal du bodhisattva. Selon la pensée bouddhiste, un bodhisattva, c'est quelqu'un qui, sur la voie de l'état-de-Bouddha, voue sa vie à aider les autres êtres à se libérer de la souffrance. « Bodhi » signifie la compréhension de la vraie nature du réel, ou sagesse, tandis qu'un « sattva » est une personne que motive la compassion universelle. L'idéal du bodhisattva est, par conséquent, l'aspiration à une pratique de l'infinie compassion et de l'infinie sagesse.

Ci-contre : pierres mani (gravées de mantra) et chortens, à Zanskar.

Ci-dessous : jeunes moines en robe de cérémonie portant des tambours.

À l'extrême droite : masque de danseur.

À droite : drapeaux de prières entourant la résidence du dalaï-lama.

Au centre : statue du Bouddha avec des bols d'offrande et des lampes à beurre. Gompa de Gyume. Lhassa, 1994.

Ci-dessus : peinture sur une roche représentant Tsong Khapa.

Ci-contre : moines psalmodiant. Temple de Jokhang, Lhassa.

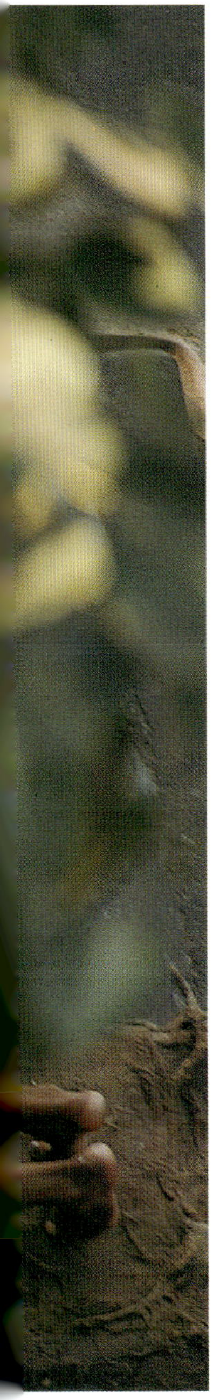

LE BOUDDHISME TIBÉTAIN D'AUJOURD'HUI

Si la pratique du bouddhisme est aujourd'hui autorisée par les Chinois au Tibet, elle n'en reste pas moins limitée et contrôlée. C'est donc en Inde, dans les grands monastères, que bat désormais le cœur du bouddhisme tibétain. Quelques-uns des grands lamas venus du Tibet sont encore en vie et assurent une transmission authentique de leur tradition auprès de leurs jeunes coreligionnaires dont la plupart n'ont jamais vu le pays auquel il s'identifient. Les grands monastères, recréés en Inde, auront donc survécu, mais sans retrouver la prospérité qu'ils avaient connue au Tibet et qu'ils ont probablement perdue à jamais.

Visiter le monastère de Drepung Loseling, à Mundgod, c'est pénétrer dans un monde à part, qui n'est ni l'Occident ni l'Inde. Des groupes de moinillons, joyeux et bruyants, vous accordent de brefs regards lorsque vous entrez, mais aujourd'hui l'apparition d'un visage occidental n'est plus un événement. L'un d'eux courra peut-être vers vous, un formulaire de parrainage à la main, signe que le monastère n'arrive pas à subvenir aux besoins de toute sa communauté. Un bruit de voix que l'on force et de claquements de mains vous attire vers la cour où a lieu le débat du jour qui porte sur la nature de l'esprit. À défaut de pouvoir comprendre ce qui s'échange, on assiste à un spectacle fascinant.

Soudain des trompes sonnent, tous se précipitent dans le temple central pour les prières du soir et vous vous trouvez dans les remous vigoureux mais bienveillants de la foule. À l'intérieur, des tentures colorées encadrent les statues de diverses déités ; certaines incarnent la paix de l'illumination ; d'autres, courroucées, repoussent les démons de la luxure et de l'attachement. La psalmodie des prières tibétaines emplit le temple, ponctuée par le son des cors, cymbales et trompettes. Un grand lama s'assoit sur un trône élevé et adresse aux moines en robe bordeaux un sourire chaleureux, mais avec une autorité suscitant un profond respect. Tandis qu'il commence son enseignement, le plus grand calme s'installe parmi les moines, dont certains transcrivent les précieuses paroles de sagesse sur leurs pauvres petits carnets de notes indiens. Si vous fermez les yeux pendant que les fumées d'encens emplissent vos sens, vous pouvez vous croire au Tibet, en train de suivre un enseignement bouddhiste sur la terre où il s'est developpé.

Page de gauche : un moine se prosterne pendant qu'un autre étudie. Bodhgaya, 1973.

Ci-contre : autel bouddhique typique, Manali, nord de l'Inde.

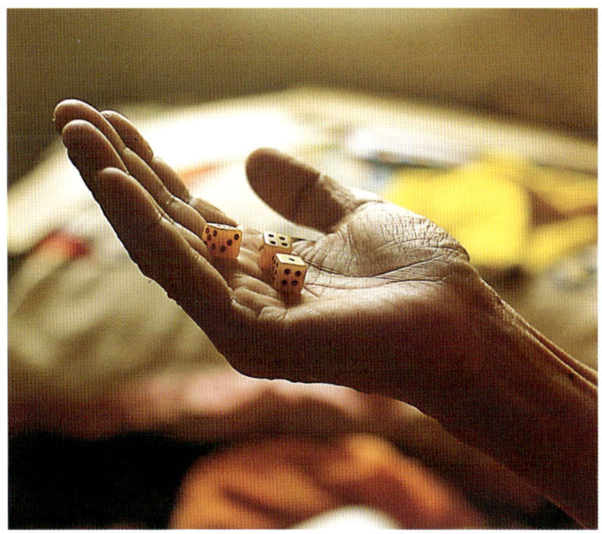

Ci-contre : dans la main d'un lama, les dés du mo – rituel divinatoire – qu'il s'apprête à lancer.

10

Les quatre grandes écoles du bouddhisme tibétain

Leur isolement sur le « toit du monde » permit aux Tibétains de préserver le bouddhisme mahayaniste et tantrique de l'Inde pendant plus d'un millénaire et de créer une culture spirituelle d'une richesse unique.

JOHN SNELLING

Si la tradition tibétaine comporte quatre grandes écoles, comprenant chacune des subdivisions, ces écoles partagent une seule et même théologie de base : le *mahayana.* Comme nous l'avons vu dans le chapitre précédent, le *mahayana* comporte en premier lieu l'ensemble des enseignements fondamentaux du *hinayana* auxquels il ajoute certains concepts tel que l'idéal du bodhisattva. Le *mahayana* n'est pas une tradition bouddhiste qui se limite au Tibet. Le *zen* au Japon et le *chan* en Chine font également partie du canon mahayaniste. Chaque école bouddhique est influencée et conditionnée par la culture et la religion indigènes du pays où elle s'est implantée, et c'est bien ce qui confère au bouddhisme tibétain son caractère unique.

La tradition mahayaniste est originaire de l'Inde, berceau d'un bouddhisme qui, par la suite, devait décliner dans ce pays au cours des siècles. Certains hinayanistes, pressés d'atteindre le nirvana, consacrèrent toute leur énergie à leur seule libération et ignorèrent les souffrances du monde dans lequel ils vivaient. Ce fut alors que le bouddhisme prit une nouvelle orientation mettant l'accent sur la compassion à l'égard de tous les êtres qui souffraient et qui cherchaient à trouver le bonheur.

> *J'aimerais partager avec mes lecteurs une courte prière qui me motive particulièrement et me remplit de détermination :*
> *« Aussi longtemps que l'espace durera*
> *Et qu'il y aura des êtres vivants,*
> *Puissé-je, moi aussi, demeurer en ce monde*
> *Afin de dissiper sa misère. »*
>
> LE QUATORZIÈME DALAÏ-LAMA

Ce propos est toujours au centre du bouddhisme tibétain d'aujourd'hui, et le dalaï-lama est considéré comme l'incarnation de Chenrézi, le Bouddha de la compassion. Si vous allez au Tibet ou dans une communauté tibétaine en exil, vous verrez le *mantra* de Chenrézi : « Om Mani Padme Hum », gravé ou peint sur des pierres au bord des routes ou des chemins. Un *mantra* est le symbole sonore

*Page de gauche : **chevaux du vent (prières imprimées sur du papier) et fumées d'encens à l'extérieur du Jokhang, à Lhassa.***

de l'essence d'un idéal spirituel qui est également représenté, visuellement, par une déité ou un *mandala*. Vous pourrez aussi vous familiariser avec les sons sacrés du *mantra*, les Tibétains ayant l'habitude de les murmurer tout au long de leurs activités quotidiennes, souvent en égrenant le chapelet qui leur permet de compter leurs récitations.

Ci-contre : le dalaï-lama, entouré des chefs des quatre grandes écoles du bouddhisme tibétain, en Inde, dans les années soixante.

L'instauration des différentes écoles du bouddhisme tibétain est beaucoup plus liée à l'histoire du Tibet qu'à de grandes divergences doctrinales. Elles ont de nombreux points communs et ce qui les distingue est parfois assez flou. C'est souvent le fait de mettre en avant un aspect particulier de la doctrine ou l'adoption d'un certain style qui fait la différence. Cependant, chaque école a ses grands bodhisattva et ses adeptes yogiques qui lui donnent une couleur particulière et en font une tradition spécifique du bouddhisme tibétain.

L'ÉCOLE NYINGMA

L'école – ou l'ordre – *nyingma* est la plus ancienne des quatre écoles. Son origine remonte à la première unification de la tradition bouddhiste au Tibet et se situe vers la fin du VIe et le début du VIIe siècle. C'est à Padmasambhava, la grande figure légendaire de cette époque, que les

nyingmapa attribuent l'introduction des enseignements bouddhiques au Tibet. Le roi Trisong Detsen avait invité le gourou indien, ainsi que son compatriote philosophe, Shantarakshita, à venir fonder un monastère et ordonner les premiers moines tibétains. Padmasambhava est, en partie, un personnage mythique qui a survécu dans l'imaginaire populaire du Tibet grâce aux fables magiques qui lui sont attachées.

Né d'une façon peu commune, Padmasambhava fut appelé « Celui qui a surgi du lotus ». Une terrible sécheresse régnant sur Uddiyana – probablement située dans la vallée de la Swat, au Pakistan –, le Bouddha Amithaba, bouddha de la vie infinie, fit émaner de sa langue un rayon de lumière rouge qu'il projeta au centre d'un lac où apparut alors une fleur de lotus. Puis il fit porter la syllabe « HRI », un son sacré, par un rayon de lumière sorti de son cœur, jusqu'au centre du lotus où elle se transforma en un *vajra* – ou sceptre – d'or. À son tour, le *vajra* se transforma, en un garçon de 8 ans, enveloppé d'une lumière aux couleurs de l'arc-en-ciel. Le ciel s'ouvrit, la pluie balaya la sécheresse, et ce fut ainsi que Padmasambhava entra dans le monde.

Au centre : le dalaï-lama et des moines portant la coiffe jaune de l'école geluk.

Bien d'autres fables magiques et miraculeuses s'attachent à la vie de Padmasambhava, et il en va de même pour la plupart des grandes figures historiques du bouddhisme tibétain. On dit aussi que Padmasambhava avait caché dans des pierres et des rochers, et même dans l'esprit de ses disciples, des enseignements sacrés qu'il réservait à des temps plus propices. On continue aujourd'hui à découvrir de temps à autre l'un de ces enseignements appelés *terma*. C'est parce qu'il a été particulièrement marqué par les pratiques animistes du *bon* – l'ancienne religion du Tibet – que l'ordre des *nyingmapa* présente, plus que les autres écoles, ce genre d'influences mystiques.

Certains maîtres contemporains de cette lignée ont acquis une renommée particulière. Quelques-uns n'ont disparu que récemment. Parmi eux : Kangyur Rimpoché, Dudjom Rimpoché et Dilgo Khyentse Rimpoché. Les réincarnations de ces grands lamas sont déjà identifiées. L'éducation qui leur permettra de poursuivre l'œuvre de leurs prédécesseurs est commencée. C'est ainsi qu'est assurée la continuité de la tradition. Plusieurs centres *nyingma* se sont ouverts en France et offrent, entre autres, la possibilité de faire la retraite de trois ans, trois mois, trois jours, que plus d'un Occidental ont déjà accomplie.

Sogyal Rimpoché, l'un des maîtres les plus connus en Occident.

Actuellement, le représentant le plus connu de l'école des *nyingmapa* est peut-être Sogyal Rimpoché qui a élu domicile à Londres, mais est responsable de plusieurs centres dans le monde. Il est également l'auteur d'un best-seller, *Le Livre tibétain de la vie et de la mort,* qui est un guide très utile pour ceux qui accompagnent les malades en fin de vie. Succès populaire, ce livre a en même temps permis de faire découvrir le bouddhisme tibétain à un large public.

Autre lama renommé, Namkhai Norbu Rimpoché enseigne le *dzogtchen,* enseignement spécifique des *nyingmapa.* Établi en Italie, cet ancien professeur du département des Études orientales de l'université de Naples a inspiré les fondateurs de tous les centres *dzogtchen* qui ont fleuri à travers le monde. Le *dzogtchen,* que l'on peut traduire par « la grande perfection », conduit à l'expérience de la véritable nature du réel.

> *Le* dzogtchen *ne se présente pas comme un summum, n'établit pas de hiérarchie parmi les enseignements, n'est pas une voie à suivre graduellement... Pratiquer le* dzogtchen*, c'est entrer directement dans un état de contemplation non dualiste et s'y maintenir.*
>
> NAMKHAI NORBU RIMPOCHÉ

Certains considèrent Namkhai Norbu Rimpoché comme un singulier novateur. En fait, il suit la tradition bouddhiste la plus ancienne du Tibet par son attachement particulier au rituel et ses penchants pour la magie, et de là vient sa singularité. Les lamas de la lignée *nyingma* furent souvent des yogis solitaires, vivant dans des grottes isolées, des enseignants ou des guérisseurs itinérants. Ils ne sont pas moines, ne sont donc pas tenus au célibat, et beaucoup sont mariés et pères de famille. Cet ordre compte également quelques femmes parmi ses grands maîtres.

L'ÉCOLE SAKYA

Les *sakyapa* ont connu leur âge d'or il y a plusieurs siècles et, bien qu'elle soit encore très active, leur école n'a pas, aujourd'hui, autant de rayonnement que les trois autres grandes écoles du bouddhisme tibétain. Mais il en allait tout autrement en 1240, à l'époque où le prince-guerrier mongol, Godan khan, petit-fils de Gengis khan, invitait Sakya Pandita à enseigner le bouddhisme à son peuple.

Moi, Godan, le plus puissant et le plus prospère de tous les princes, souhaite informer le Sakya Pandita que j'ai besoin d'un lama qui puisse aider mon peuple ignorant à vivre dans la morale et la spiritualité... Étant donné que je n'ai choisi d'autre lama que toi, je n'accepterai aucune excuse prenant prétexte de ton âge ou des rigueurs du voyage.

La formulation de la requête prévenant tout refus, Sakya Pandita prit donc le chemin de la Mongolie. Ce fut à cette occasion que débuta la relation particulière « moine-chef » entre la Mongolie et le Tibet, qui eut pour effet de freiner les brutalités du prince Godan et de ses cavaliers et d'accorder une influence politique à un moine : première conjugaison du politique et du religieux au Tibet. Inutile de préciser que la prééminence des *sakyapa* ne fut pas du goût des autres écoles bouddhiques du Tibet, et en particulier de celle des *kagyupa*, qui était apparue presque en même temps que l'ordre des *sakyapa*, au cours de la seconde vague bouddhiste en provenance de l'Inde, au XIe siècle. Le lien entre le Tibet et la Mongolie se renforça néanmoins avec la succession de Phagpa – neveu du Sakya Pandita – et celle de Kublai khan – héritier des terres de Godan – et la situation ainsi créée allait durer jusqu'à notre siècle, bien que la tradition des *sakyapa* ait été surpassée, au XIVe siècle, par celle des *gelukpa*.

Pendant la période marquée par leur suprématie, les *sakyapa* exercèrent une grande influence spirituelle en même temps qu'un pouvoir politique. L'un de leurs enseignements fondamentaux, celui de la Triple Vision, est fondé sur un texte de Sachen Kunga Nyingpo que l'on compte parmi les cinq grands maîtres de l'ordre qui vécurent au XIe siècle. Tiré du tantra Lam-dre Hevajra, l'enseignement de la Triple Vision se réfère à trois visions du monde qui sont celles de la personne ordinaire, de l'adepte qui fait l'expérience de la vraie nature de la réalité, du maître réalisé qui ne fait plus qu'un avec l'ultime vérité.

Le dalaï-lama et Sakya Trizin, chef des sakyapa, *dans la résidence du dalaï-lama, à Dharamsala.*

Sakya Trizin, né au Tibet en 1945, est aujourd'hui le quarante et unième chef spirituel des *sakyapa*, reconnu comme une émanation de Manjushri, le principe de sagesse transcendante. Sakya Trizin parle un anglais parfait, voyage beaucoup et enseigne à des Occidentaux aussi bien qu'à des Tibétains.

Il existe en Grande-Bretagne plusieurs centres *sakya* placés sous l'autorité du maître britannique Ngakpa Jampa Thaye.

L'ÉCOLE KAGYU

C'est l'école des « tenants des enseignements transmis », et les *kagyupa*, comme les *nyingmapa*, sont plus intéressés par les rituels et le mysticisme du bouddhisme que les *gelukpa*, engagés pour leur part dans un long programme d'études. La lignée des *kagyupa* apparut au XIe siècle avec, à sa tête, Tilopa. Maître bouddhiste d'un roi et trouvant peu de satisfaction dans son travail, Tilopa finit par s'enfuir pour vivre dans des lieux de crémation, vêtu de haillons et mendiant sa nourriture, payant ainsi le prix d'une liberté qui lui permettait de se consacrer à la méditation. Il acquit la renommée d'un être hautement accompli, mais aussi d'un yogi un peu inquiétant.

Tilopa eut pour principal disciple le brillant érudit Naropa, à qui était apparue une horrible vieille : celle-ci lui avait dit qu'il ne connaissait du bouddhisme que des mots dont le sens lui échappait et qu'il devait se mettre en quête de son frère, Tilopa, qui deviendrait son maître. Mais, si Naropa écouta la vieille femme, le maître sembla introuvable, et Naropa commençait à désespérer au point de penser au suicide quand Tilopa apparut. Il expliqua à Naropa que cette expérience était l'exemple d'une forme d'enseignement utilisant les situations vécues au lieu de faire appel à des choses extérieures à la vie. La leçon suivante ne devait avoir lieu qu'un an plus tard, mais Naropa n'en servit pas moins son maître avec loyauté.

Puis Tilopa conduisit Naropa au sommet d'une pagode et lui dit que le vrai disciple se devait de sauter dans le vide. Aussitôt, Naropa sauta et se fit très mal en tombant. Ensuite Tilopa entreprit de lui enseigner les pratiques tantriques, tout en continuant à le soumettre aux « leçons de la vie », à raison d'une par an environ. De telles histoires, nombreuses dans le bouddhisme tibétain, signifient que nous vivons dans le monde illusoire des apparences et qu'il faut travailler dur, et parfois en passer par de douloureuses

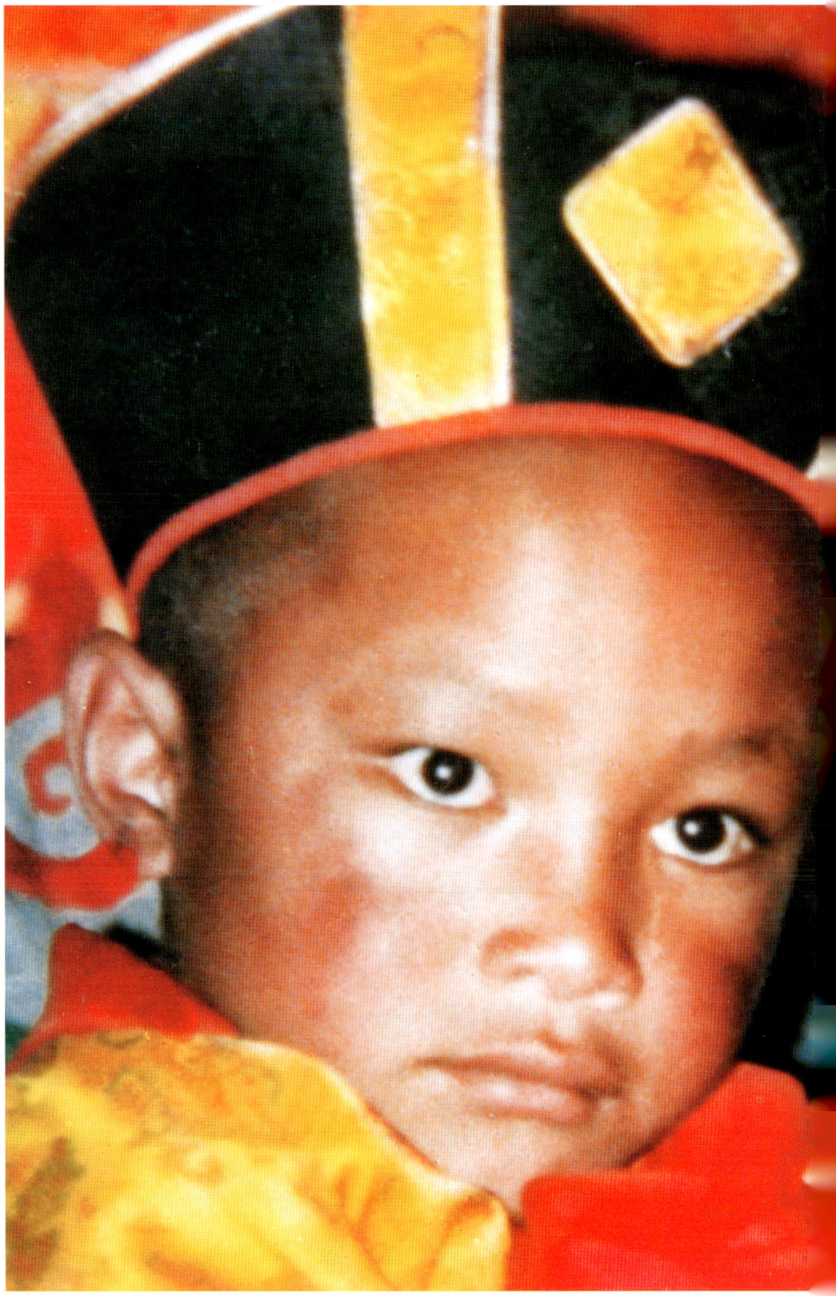

Au centre : le dix-septième karmapa, qui a été officiellement accepté par le gouvernement chinois.

transformations pour atteindre l'illumination. Célèbre traducteur, Marpa joua un rôle déterminant dans l'introduction des enseignements des *kagyupa* au Tibet. Son grand disciple, Milarepa, est sans doute le plus connu des « saints » tibétains. Après avoir été sorcier et meurtrier, Milarepa, bourrelé de remords, alla au-devant de Marpa, mais il dut traverser de terribles épreuves avant de recevoir l'enseignement qu'il désirait et passa ensuite le reste de sa vie dans une grotte isolée du monde. La pratique de la méditation ayant fait de lui un être hautement accompli, Milarepa attira de nombreux disciples, enseigna à ceux qui le lui demandaient, mais refusa de fonder un monastère ou même de faire de ses enseignements une doctrine établie.

L'école des *kagyupa* est dirigée par un *karmapa*. Le seizième est mort en 1981, et son successeur n'est encore qu'un jeune garçon. Il a été reconnu par le gouvernement chinois, et c'est la première fois depuis 1959 que les Chinois reconnaissent officiellement la réincarnation d'un grand lama. Ugyen Tinley a été intronisé à l'âge de 8 ans, le 27 septembre 1992, au monastère de Tsurphu – lieu de résidence habituelle des *karmapa* au Tibet.

En Europe, le premier centre de bouddhisme tibétain fut créé par Chogyam Trungpa Rimpoché et Akong Rimpoché en Écosse. Excellent pédagogue qui attira de nombreux Occidentaux, Chogyam Trungpa Rimpoché fut néanmoins très controversé pour être devenu un adepte de l'amour libre et des drogues psychédéliques à l'instar de certains de ses étudiants. Il renonça à ses vœux monastiques, se maria et alla s'installer aux États-Unis où il créa plusieurs centres. Succès et scandales s'attachèrent à son nom jusqu'à ce qu'il meure des suites de son éthylisme, en 1987, à l'âge de 48 ans. Cependant, ses livres – comme *Cutting Through Spiritual Materialism* – et les centres bouddhiques florissants qu'il a laissés derrière lui témoignent qu'en dépit de ses méthodes peu orthodoxes et d'un mode de vie dont certains aspects auraient mieux convenu au Tibet médiéval, il avait beaucoup à offrir.

Comme les *nyingmapa*, les *kagyupa* ont bien réussi à s'implanter en France, et ont peut-être plus de centres en Occident que n'importe quelle autre école. En Écosse, Samye Ling poursuit ses activités sous l'autorité d'Akong Rimpoché. Autre grand maître de la lignée des *kagyupa*, Kalou Rimpoché est mort en 1980, après avoir enseigné dans plus de quarante pays et créé une centaine de centres.

Les *kagyupa* ont pour enseignement majeur le Mahamudra – le « Grand Symbole » ou le « Sceau » –, guide pour la pratique d'une méditation qui permet de supprimer les tensions et de parvenir à un équilibre naturel.

> *Peu importe le degré de confusion dans laquelle nous nous trouvons, nous partageons tous un même terrain d'expérience… un état de conscience basique, fait de clarté, de pureté et de naturel. L'expérience de cet état de conscience est ce qu'on appelle le Mahamudra.*
>
> CHOGYAM TRUNGPA RIMPOCHÉ

Ci-contre : *Kalou Rimpoché, grand maître contemporain de l'école kagyu.*

L'ÉCOLE GELUK

L'école « vertueuse » fut fondée au XIVe siècle par Tsong Khapa, moine brillant et pieux qui souhaitait redonner au bouddhisme tibétain sa pureté originelle. Inévitablement, la combinaison explosive de la religion et de la politique avait au fil du temps affaibli certains aspects de l'esprit monastique. Tsong Khapa réaffirma l'importance du Vinaya, liste originelle des règles monastiques établies à l'époque du Bouddha. Il souligna également la nécessité d'étudier les soutras – les textes sacrés – avant de vouloir aller plus loin dans la pratique tantrique.

À droite : lama Thubten Yeshe, l'un des maîtres geluk les plus connus en Occident, disparu en 1984.

Connaissant parfaitement les enseignements des trois écoles, Tsong Khapa retint leur essence et en fit la synthèse qui allait servir de fondement au nouvel ordre *geluk*. Il fit bâtir plusieurs monastères, dont celui de Ganden, et institua le Monlam, fête de prières annuelle qui allait se dérouler à Lhassa jusqu'à sa récente interdiction, sur ordre du gouvernement chinois. Grand dialecticien, Tsong Khapa rectifia quelques-unes des erreurs qui entachaient la doctrine des origines. Sa contribution au bouddhisme tibétain lui vaut une vénération égale à celle des grands « saints » tibétains, bien qu'il n'ait pas le pittoresque de la plupart d'entre eux.

Les *gelukpa* lui doivent leur enseignement fondamental : le Lam Rim Chenmo – le « Grand Exposé du sentier gradué », lequel est communément appelé « la Voie du milieu ». Cet enseignement comprend l'ensemble des pratiques préliminaires du bouddhisme, dont le développement de la foi en son maître – la dévotion au gourou –, les méditations sur l'impermanence et ce qu'une renaissance humaine représente de précieux. L'étude détaillée des royaumes infernaux – bien plus peuplés que le royaume des humains et qui ressemblent aux visions cauchemardesques de Jérôme Bosch – rappelle au disciple qu'il vaut mieux qu'il s'efforce d'aller vers l'illumination. L'école des *gelukpa* encourage l'étude plus que les trois autres et ses moines entreprennent le long cursus qui conduit à l'équivalent d'un doctorat de théologie et au titre de *geshe*, quand ils ont les capacités intellectuelles requises. Il existe un programme plus accessible pour ceux qui n'ont pas les mêmes dons intellectuels, comme pour les laïcs qui ne peuvent consacrer vingt ans de leur vie à des études et pratiques religieuses.

Les *gelukpa* ont à leur tête Ganden Tri Rimpoché, qui est démocratiquement élu tous les sept ans. Cette école suscite un intérêt particulier chez certains Occidentaux, dont un petit nombre entreprennent le long cycle des études de

geshe. Reste à savoir si ce programme, sous sa forme traditionnelle, convient réellement à des Occidentaux. En dehors du dalaï-lama – dont les principaux enseignements sont ceux

des *gelukpa* –, de grands maîtres de cette lignée sont bien connus des Occidentaux, en particulier lama Thubten Yeshe (mort en 1984) et lama Zopa. Surnommé le lama *inji* (occidental), lama Thubten Yeshe s'était attiré de nombreux disciples grâce à sa compréhension des préoccupations occidentales et à son style qui donnait à ses enseignements des allures de spectacle. Lama Zopa, très posé, d'une grande profondeur de pensée, célèbre pour la durée de ses enseignements, s'accordait parfaitement avec lama Thubten Yeshe et, souvent, enseignait avec lui. Lama Yeshe s'est réincarné en Espagne. Le petit garçon – que l'on appelle Lama Osel – est le fils de deux disciples de lama Yeshe. C'est la première fois qu'un lama se réincarne en Occident.

À gauche : **lama Osel sur les marches de la pagode de la Paix, à Londres.**

> *Plus je rencontrais d'Occidentaux et plus je me rendais compte qu'ils étaient avancés intellectuellement. Ils comprenaient facilement les enseignements du Bouddha. Néanmoins, il leur manquait cette expérience de la doctrine que seule la méditation permet d'acquérir.*
>
> LAMA THUBTEN YESHE

Une nouvelle branche de l'école des *gelukpa* a fait son apparition il y a quelques années, à l'initiative de Geshe Kelsang Gyatso. Elle porte le nom de nouvelle tradition *kadampa*. Mais une controverse est née d'un désaccord entre le dalaï-lama et Geshe Kelsang Gyatso au sujet de la vénération par les nouveaux *kadampa* d'une « déité » : Dordje Shoukden. Pendant que le dalaï-lama considère que le culte de cette « déité » représente une pratique sectaire et peu adaptée aux temps modernes*, Geshe Kelsang Gyatso lui accorde une importance particulière et n'entend pas y renoncer.

*La controverse est vive et a fait l'objet d'un communiqué de presse du Bureau du Tibet, à Paris, le 15 juin 1998, dans lequel on relève que les pratiques de cette secte « ne s'inscrivent pas dans la tradition authentique du bouddhisme, laquelle considère le culte des esprits comme une forme dégénérée de la vie spirituelle ». Il semble donc que le désaccord porte, en premier lieu, sur la nature même de l'objet du culte incriminé. *(N. d. T.)*

LA MÉDITATION DANS LE BOUDDHISME TIBÉTAIN

En tant que moine et enseignant bouddhiste, le dalaï-lama a donné des centaines de cours et de conférences sur les enseignements du bouddhisme tibétain et ses pratiques de la méditation. Les conseils qui suivent sont des extraits de plusieurs de ces cours.

Je ne cesse de croire que le but de notre vie est de trouver le bonheur. Deux sortes de bonheur existent : le bien-être physique et la paix de l'esprit, et le deuxième est plus important que le premier. Car le calme de l'esprit rend supportables d'éventuels problèmes physiques ou matériels, tandis qu'avec un esprit agité ou tourmenté nous ne pouvons être heureux, même si nous vivons dans les meilleures conditions matérielles possibles.

L'expérience mentale étant plus importante que l'expérience physique, nous avons besoin d'apprendre à bien faire fonctionner notre esprit. L'être humain est, en général, le plus intelligent des animaux et, au fil des siècles, il a élaboré des techniques pour faire travailler son esprit. Ces techniques sont celles de la méditation dont il existe deux sortes : la méditation analytique qui fait surtout appel à la raison, et la méditation qui est concentration de l'esprit sur un objet unique. Dans les deux cas, il s'agit avant tout d'apprendre à contrôler notre esprit.

Dans la vie quotidienne, notre attitude mentale est déterminante. Si, lorsque nous nous levons le matin, nous nous sentons l'esprit heureux et rafraîchi, cette disposition mentale positive du matin influera sur la journée jusqu'au soir et, si nous rencontrons des difficultés, nous les résoudrons plus facilement. Au contraire, si nous sommes mal à l'aise ou si nous avons fait un cauchemar, même les problèmes mineurs nous perturberont.

Le bonheur ne fait pas partie des nombreux objets et produits que l'on peut se procurer au supermarché. Parmi les problèmes actuels que nous rencontrons, beaucoup proviennent du fait que nous négligeons les valeurs humaines fondamentales et que nous ne prenons pas assez soin de notre esprit. Tout cela parce que nous passons trop de temps au supermarché ! Par conséquent, la méditation est un instrument très important quand il s'agit de se former l'esprit ou de le transformer.

LA MÉDITATION DANS LE BOUDDHISME TIBÉTAIN

Ma petite expérience de simple moine bouddhiste me permet de constater qu'au fil des années la méditation me laisse l'esprit de plus en plus calme, même si les difficultés s'accroissent et si mes responsabilités deviennent de plus en plus délicates. J'espère qu'il ne s'agit pas d'une détérioration physique… Non, je pense plutôt que je dois cette paix de l'esprit à la méditation. Bien sûr il y a les problèmes à résoudre, mais ils ne perturbent pas mon calme mental, et c'est très certainement un effet de la méditation… Tant qu'il y aura des êtres humains, il y aura des conflits. Chez une seule et même personne, une idée qui vient à l'esprit le matin peut entrer le soir en conflit avec une autre. Par conséquent, la méditation peut être utile à tout le monde, sans souci de religion. C'est avant tout un entraînement de l'esprit. Intelligence et clairvoyance font de la méditation analytique la pratique la plus efficace. C'est très sain d'adopter une attitude sceptique, d'essayer de chercher la raison des choses, d'expérimenter et d'enrichir son expérience. Pour le bouddhisme comme pour la science, l'usage de la raison est essentiel.

La méditation qui consiste à se concentrer sur un objet unique pacifie l'esprit mais, à long terme, ses effets sont faibles et je ne suis pas toujours convaincu que ce soit une bonne chose. Cependant le recours simultané aux deux méthodes est efficace. Si vous vous concentrez sur l'analyse d'une situation, alors cette analyse devient plus profonde et plus efficace. Par conséquent, nous avons effectivement besoin d'une certaine expérience de la concentration de l'esprit sur un objet unique.

Il est recommandé de méditer de bon matin, dans un endroit calme. Ceci pour la simple raison que c'est l'esprit qui travaille sur lui-même. Nous n'utilisons pas d'instruments extérieurs. Il faut donc que nous ayons l'esprit reposé et alerte, que nous soyons au mieux de notre forme mentale. Le soir, la fatigue nous empêche d'utiliser efficacement nos facultés mentales. Les débutants doivent d'abord faire en sorte de tenir à distance le monde

extérieur. Notre esprit est dans notre corps et doit y demeurer, mais il a toujours tendance à se tourner vers l'extérieur, à critiquer, à s'immiscer dans diverses choses, à se perdre. Alors il faut rectifier son action et le maintenir à l'intérieur de nous. Parfois il est bon de fermer les yeux, mais le mieux est tout de même de garder les yeux ouverts, sans faire attention à ce qu'ils voient.

Ainsi nous mettons entre parenthèses la vue. Et il faut faire la même chose avec l'ouïe. Nous décidons de ne pas nous laisser distraire par ce que nos sens risquent de percevoir. Il faut aussi ne pas se laisser prendre par des souvenirs ou par des visions de l'avenir et bien rester dans le moment présent. Nous essayons de ne pas penser, d'éprouver la sensation que nous sommes comme l'océan avec ses vagues qui vont et viennent et ainsi nous pouvons regarder nos pensées surgir et s'effacer, sans nous y accrocher. Ce n'est pas facile, mais ça vaut la peine de persévérer. Ou si la difficulté est trop grande on peut toujours, au début, se contenter de fermer les yeux et de se reposer. Cela ne mène pas loin, mais au moins on y gagne un peu de calme intérieur.

Laissez votre esprit flotter. Ne le chargez pas de concepts. Laissez-le dans son état naturel et observez-le. Au début, quand vous n'êtes pas encore habitués, ce genre d'expérience paraît très difficile mais, avec le temps, vous observerez que votre esprit est comme de l'eau claire. Donc, gardez votre esprit dans son état naturel en vous abstenant de conceptualiser. Quand on a fait l'expérience de la vraie nature de l'esprit, alors on peut pratiquer la méditation analytique.

Il vaut mieux, quand on est un débutant, s'abstenir d'une pratique trop longue qui ne peut que fatiguer. Il faut se limiter à un quart d'heure, pas plus. Ce qui importe c'est la qualité de la méditation et non sa durée. Si vous méditez trop longtemps, vous allez somnoler, votre esprit sera brumeux, et vous prendrez l'habitude de confondre méditation et somnolence. Donc, vous perdrez du temps et, surtout, vous prendrez des habitudes dont vous aurez du mal à vous défaire. Vous pourrez vous dire que vous avez progressé lorsque vous constaterez que les longues séances de méditation vous paraissent courtes. Mais, si vous avez l'impression que vous avez passé un long moment à méditer alors que c'est le contraire, vous saurez qu'il vaudrait mieux raccourcir votre séance de méditation. Cela est très important au début.

11

Une introduction au vajrayana

Il serait faux de nier que certaines pratiques tantriques génèrent effectivement des phénomènes mystérieux. Notre travail sur l'esprit a conduit au développement de pouvoirs que la science est encore incapable d'expliquer.

LE QUATORZIÈME DALAÏ-LAMA

Page de droite : ***femme pèlerin faisant tourner un petit moulin à prières.*** *Ci-dessous :* ***un dorjé dans la main de Padmasambhava.***

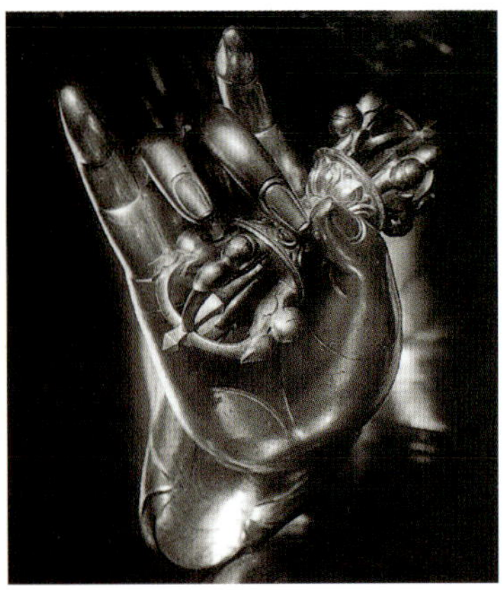

On appelle parfois le *vajrayana* – ou bouddhisme tantrique – « le troisième tour de la roue du Dharma ». Le premier tour symbolise les enseignements du Bouddha et leur interprétation initiale, c'est-à-dire le *hinayana* ; le second tour, l'apport, par le *mahayana*, d'une énergie nouvelle dans le bouddhisme. À l'époque de son avènement, le *vajrayana* représenta également un nouveau courant bouddhiste. Mais, tandis qu'il puisait sa substance dans les anciens tantra hindous, le bouddhisme déclinait en Inde. Certains y virent un lien et considérèrent le *vajrayana* comme une dégénérescence du bouddhisme. Toutefois, l'introduction du *vajrayana* au Tibet inspira et enrichit toutes les écoles du bouddhisme tibétain.

« Vajrayana » vient de *vajra* (mot sanscrit) – *dordje,* en tibétain – qui signifie « la foudre » et désigne l'un des objets sacrés utilisés dans les rituels tantriques. On dit que le Bouddha Sakyamouni lui-même enseigna les tantra, mais qu'en raison de l'ésotérisme et de la puissance qui caractérisent le tantrisme, il aurait réservé cet enseignement à un petit auditoire composé presque uniquement de bodhisattva, ses disciples les plus avancés sur la voie de la réalisation. Cela permet d'insister sur un point essentiel : la pratique du *vajrayana* n'est pas destinée aux disciples débutants. Une personne qui souhaite pratiquer le *vajrayana* doit d'abord se familiariser avec les principes de base du bouddhisme, tels que moralité et compassion ; avoir une certaine compréhension de *sunyata* : la vacuité de toute chose et de tout être, en commençant par soi, qui fait que rien n'existe en soi ; et avoir préparé son esprit en pratiquant la méditation.

Ces conditions ne peuvent être remplies que si le disciple débutant a trouvé un lama, ou gourou, avec qui il a établi une relation étroite, qui va l'initier aux tantra et devenir son guide spirituel. Comme nous l'avons vu précédemment, certains maîtres peuvent adopter un compor-

À gauche : ***moines portant, l'un, une torma (offrande de beurre et de farine d'orge), l'autre un encensoir.***

tement inattendu et apparemment dénué de compassion, comme Tilopa quand il demande à Naropa de se jeter dans le vide.

Néanmoins, les enseignements tantriques stipulent que l'on doit accorder une confiance absolue à son lama et ne jamais le concevoir comme séparé du Bouddha. On aurait l'impression d'être devant un sérieux dilemme si les enseignements omettaient de préciser que le débutant doit prendre le temps de se choisir un maître et être convaincu de ses qualités avant de s'engager auprès de lui.

Pourquoi certains maîtres se comportent-ils de façon surprenante ? La tradition veut que les lamas qui ont atteint la réalisation échappent aux règles de morale conventionnelles et pratiquent ce que l'on appelle parfois « la sagesse folle ».

> *Le bouddhisme tantrique exige que le débutant s'en remette entièrement à son maître et suive ses conseils sans hésitation. Aussi peu conventionnelle que puisse être la conduite du lama, son disciple doit la considérer comme l'action éclairée d'un Bouddha. Ainsi, un disciple ne sera pas tenté de juger l'alcoolisme et la sexualité licencieuse de Chogyam Trungpa selon les critères qui s'appliquent au commun des mortels, car il aura appris à considérer ces comportements comme une manifestation de la réalisation transcendante d'un* mahasiddha *[grand adepte yogique].*
>
> STEPHEN BATCHELOR

Le dalaï-lama a insisté sur le fait que les débutants doivent choisir leur maître avec le plus grand soin et après avoir attendu quelques années. Les tantra engageant souvent à une pratique quotidienne et exigeant que l'on soit guidé par un maître, il est effectivement très sage d'éviter toute précipitation.

Thangka représentant la Tara verte, entourée des vingt et une autres manifestations de Tara.

LES DÉITÉS TANTRIQUES

La tradition tantrique a pour but de donner à l'adepte le corps, la parole et l'esprit d'un Bouddha pleinement réalisé au moyen de pratiques yogiques particulières.

JOHN SNELLING

La pratique du *vajrayana* est néanmoins une voie tout aussi authentique et valable que celle des autres écoles bouddhiques. L'enseignement du Bouddha comportait différents niveaux, adaptés aux diverses dispositions des disciples. Mais il est certain que le *vajrayana* est une voie vers l'illumination qui convient à certains et pas à d'autres. Il est bon de demander l'avis d'un maître, même si vous vous sentez attiré par ces pratiques. Mais pour ceux qui sont aptes à les suivre, le *vajrayana* ouvre incontestablement les portes d'un domaine magique et métaphysique, riche en rituels et en symboles.

Le *vajrayana* se présente également comme « la pratique des déités ». Le bouddhisme tibétain abonde en déités dont certaines incarnent la paix et la tranquillité de l'illumination reflétées dans leur sourire serein et mystérieux. Parmi elles, Tara, représentation féminine du Bouddha, est très populaire, soit en Tara verte, un pied tendu, prête à se lever pour aller aider toute personne engagée dans une quête spirituelle, soit en Tara blanche, dont la posture paisible symbolise une longue vie. Il est peut-être plus facile de comprendre et de communier avec les déités pacifiques de ce genre qu'avec celles qui ont l'apparence de démons irrités, collectionneurs de crânes, et baignant dans les flammes des enfers. Ces déités dites courroucées doivent cependant être replacées dans un contexte où elles jouent un rôle précis.

Ma première rencontre avec des déités courroucées eut lieu à Kalimpong, près de la frontière entre l'Inde et le Boutan. Alors que je suivais un long sentier escarpé vers

le sommet d'une colline, je vis soudain surgir la silhouette d'un monastère dans la brume, au-dessus de moi. Déjà impressionnée par cette vision, je le fus bien plus encore lorsque, après avoir poussé la porte de ce monastère, je me retrouvai dans un sanctuaire couvert du sol au plafond de scènes représentant divers royaumes infernaux et toute la panoplie des gardiens du bouddhisme et de ses déités courroucées. Je fis le tour du sanctuaire, non sans jeter de temps à autre un coup d'œil par-dessus mon épaule afin de m'assurer qu'aucune créature étrange n'était en train de grimper le long de mon dos.

Ci-dessous : pratiquant tantrique exécutant un moudra avec un vajra et une cloche.

Cette première expérience n'en aura pas moins laissé ses traces. Peu après, j'allai à Dharamsala où je rencontrai véritablement le bouddhisme tibétain et commençai à pratiquer la méditation et la récitation des *mantra*. À mon retour en Angleterre, je suivis les enseignements d'un centre de bouddhisme tibétain et là, plusieurs années plus tard, mon maître m'engagea à être initiée par un grand lama qui venait effectuer l'une de ses rares visites en Occident. Me faisant un devoir de suivre son conseil, j'eus la surprise de constater que la cérémonie d'initiation me donnait l'occasion de retourner par la pensée à Kalimpong et de revoir le visage des déités courroucées du monastère…

Mais comment cette iconographie effrayante trouve-t-elle sa place dans une religion tournée vers la paix de l'esprit ? En fait, la question cesse de se poser dès que l'on acquiert une connaissance approfondie du *vajrayana*, parce qu'alors on découvre un système philosophique et magique d'une grande maturité psychologique, dans lequel chaque geste des déités possède un sens profond et chaque objet rituel une signification particulière. Le bouddhisme renferme l'idée que le disciple doit utiliser tout ce qu'il rencontre sur le chemin de l'illumination.

Cela comprend tous nos états psychologiques et nos émotions, sans exclure ce qui est habituellement considéré comme négatif. Le *vajrayana* ne cherche pas à rejeter le « négatif » ni à prétendre qu'il n'existe pas. Les pratiques visent à utiliser l'énergie brute qu'il représente et, ainsi, préviennent les jugements de valeur qu'il engendre lorsqu'il se manifeste spontanément. Dans son essence, le *vajrayana* est transformation, et le dégagement d'énergie qu'implique la haine, ou la colère, par exemple, est utilisé dans la transformation de nos états d'esprit qui conduit à l'illumination. Par conséquent, les déités courroucées incarnent ces états mentaux archétypes, et leurs représentations impressionnantes symbolisent l'énergie qui les anime.

> *Les étapes de la progression spirituelle sont illustrées non par des descriptions psychologiques, mais par des déités fortement personnalisées. Le fait d'invoquer ces figures symboliques suscite une relation vivante et une identification à l'illumination que personnifie la « déité » avec laquelle l'adepte se sent la plus grande affinité.*
>
> STEPHEN BATCHELOR

LA PRATIQUE TANTRIQUE

La pratique du bouddhisme tantrique comprend des rituels, la récitation de *mantra*, des visualisations, ainsi que la méditation qui est concentration de l'esprit sur un objet unique. Quand votre maître estime que le bouddhisme tantrique peut vous convenir et que vous y êtes suffisamment préparé, alors le moment est venu pour vous d'être initié par un grand lama. L'initiation implique la transmission orale

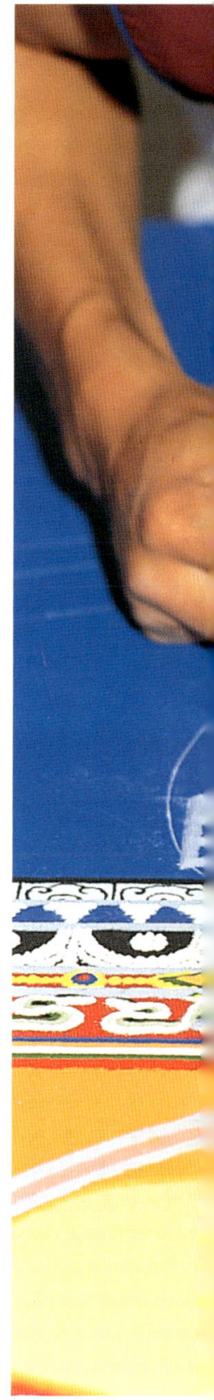

de la méthode tantrique dont le lama connaît les origines qui remontent aux premiers grands maîtres tantriques du Tibet. La cérémonie d'initiation prend plusieurs heures, ou même plusieurs jours. Le disciple prononce à cette occasion des vœux de moralité et s'engage généralement à réciter chaque jour le *mantra* de sa déité. Dans certains cas, l'engagement porte sur la récitation d'un texte sacré – ou *sadhana* – et les visualisations qui l'accompagnent.

Ci-dessous: objets tantriques sacrés et gestes des mains qui sont partie intégrante de la pratique du vajrayana.

La déité est censée résider au centre d'un *mandala* qui lui sert d'habitat spirituel. Le dessin des *mandalas* comporte des cercles à l'intérieur de carrés, eux-mêmes contenus dans des cercles, une multiplicité de couleurs et la représentation de déités mineures (par rapport à la déité centrale) ou gardiennes. Méditer sur un *mandala* aide à transformer notre niveau de conscience, étant donné que le *mandala* symbolise la transformation de l'expérience qu'engendre l'illumination. Cette méditation fait pénétrer à l'intérieur du *mandala* qui devient alors une sphère tridimensionnelle.

La déité que le lama choisit pour l'adepte au moment de l'initiation devient le *yidam* de l'adepte – sa déité personnelle. Le *yidam* a un *mantra* – sons sacrés qui représentent la parole éclairée d'un Bouddha. Une fois de plus, la récitation d'un *mantra*, l'esprit parfaitement concentré sur les sons, aide à la transformation de la conscience. La *sadhana* de la déité contient le *mantra* principal, en même temps que les instructions concernant la visualisation de la déité. Ainsi, méditation, récitation du

Au centre : un moine créant un mandala de sable.

Puja (cérémonie) du feu, à Dharamsala.

mantra et rituel s'effectuent pendant que l'adepte se prête l'apparence et les qualités du *yidam*.

Le but des pratiques tantriques est d'instaurer une totale familiarisation avec le tantra. « Tantra » signifiant « continuité », il s'agit pour l'adepte tantrique de parvenir à la transformation de sa conscience et d'atteindre l'illumination par la vertu de pratiques quotidiennes. Mais le but ne peut être atteint sans de longues années de persévérance.

> *Ce processus de transformation comporte deux étapes. En premier lieu, il est nécessaire de se débarrasser des perceptions et des idées conventionnelles concernant ce que nous sommes et ce qu'est la réalité... La pratique du* vajrayana *demande d'abord que l'on se familiarise suffisamment avec cette transformation des idées et des perceptions pour être ensuite capable de l'intégrer dans la méditation, pendant des heures, sans faillir.*
>
> STEPHEN BATCHELOR

On appelle cette première étape à laquelle Batchelor se réfère le stade génératif. Le second est celui de l'accomplissement. Pendant cette deuxième période, le disciple travaille sur les énergies subtiles de son corps, sur leurs centres et leurs canaux. Les centres correspondent, grossièrement, aux chakra du système nerveux central, tandis que certains canaux sont utilisés en acupuncture. Bien que ces centres et ces canaux ne soient pas empiriquement décelables, les méthodes de travail sur les chakra, bien que peu conventionnelles, sont aujourd'hui reconnues, comme l'est l'acupuncture.

Le disciple visualise les canaux et les centres. Chez la plupart des personnes, les chakra sont fermés, les canaux sont bloqués ou emmêlés, mais en travaillant sur la respiration et l'imagination, le disciple arrive à rétablir une bonne circulation des énergies psychiques. Au moment de la mort, les canaux sont spontanément libérés et chacun fait l'expérience d'un bain de claire lumière, bien que la plupart du temps on ne s'en rende pas compte. L'adepte tantrique sait que cette claire lumière est la base constante de notre existence et, par conséquent, cherche à en faire l'expérience au cours de la méditation. L'apparition de la claire lumière au moment de la mort étant considérée comme l'une des meilleures occasions d'atteindre l'éveil, l'adepte s'emploie à susciter pendant la méditation l'expérience psychique qui accompagne la mort, et donc à s'y préparer. Après des années de pratique, l'expérience vécue pendant la méditation et les qualités de la déité s'intègrent dans chaque moment de la vie de l'adepte, et peu à peu érodent les modes habituels de comportement et de pensée qui nous maintiennent dans la confusion insatisfaisante de notre monde conventionnel. Ce processus est celui du sentier « rapide » qu'offre le *vajrayana* à condition qu'il soit suivi avec l'aide d'un guide spirituel reconnu qui vous évitera de vous perdre dans les zones les plus sombres de votre psychisme.

À droite : cercles dans des carrés qui sont eux-mêmes dans des cercles, selon la configuration caractéristique des mandalas. Celui-ci a été réalisé à Purne, village du Zanskar.

LE VAJRAYANA EN OCCIDENT

S'en remettre à l'autorité d'un lama peut être très positif, d'une part pour contrecarrer les obsessions de l'ego, d'autre part pour avoir une perspective plus éclairée sur la vie. Si le lama est apte à conduire le disciple à la compréhension et à la liberté de l'esprit, alors la relation entre le maître et le disciple permettra à ce dernier de retrouver et de renforcer sa propre autorité intérieure. Mais, comme le soulignent les textes tibétains, la soumission à un maître doit être précédée d'une extrême circonspection. Sinon, ce sera la confusion comme moindre mal ou, au pire, l'exploitation.

STEPHEN BATCHELOR

Tandis que les centres de bouddhisme tibétain fleurissaient en Occident dans les années soixante-dix – en grande partie grâce aux Occidentaux qui avaient rencontré le bouddhisme en Inde –, on vit se développer un grand intérêt pour les pratiques les plus ésotériques du tantrisme. Mais l'empressement avec lequel les nouveaux disciples se joignaient aux adeptes plus expérimentés pour des pratiques secrètes et pittoresques révélait en fait le fossé culturel qui séparait l'Est et l'Ouest lorsqu'il s'agissait d'évaluer « la longue période » d'études et de pratiques qui précède nécessairement l'éveil.

Fréquemment impressionnés par la maturité psychologique que la culture occidentale développe chez les individus qui en sont issus, les lamas apprécièrent le désir de leurs disciples d'entreprendre des pratiques ardues. Mais il semble qu'ils ne furent pas conscients d'une autre caractéristique occidentale : l'attrait pour la nouveauté, qui conduit à faire de brèves expériences avant de passer à autre chose. Ils furent en tout cas déconcertés par l'instabilité de certains de leurs disciples. Ceux qui étaient dotés d'un ego bien structuré furent aidés par une philosophie du détachement. En revanche, les plus angoissés virent leurs névroses s'accentuer. Au début, plusieurs centres réclamèrent aux lamas des initiations fréquentes, ce qui leur fut accordé. Mais toute initiation implique que l'on s'engage à des pratiques régulières. Or les grands lamas tenus de retrouver leurs monastères ne pouvaient pas rester auprès de leurs disciples occidentaux et entretenir avec eux la traditionnelle relation entre le maître et le disciple. Certains disciples firent les pratiques pendant un certain temps puis, fatigués ou traversant une crise, ils les abandonnèrent en oubliant les engagements pris lors des initiations. D'autres connurent des problèmes psychologiques engendrés par leur pratique religieuse. Mais ceux qui, n'ayant pas eu de difficultés majeures à affronter, continuèrent à pratiquer le bouddhisme tantrique ne parlent que de récompenses et de bienfaits.

Les lamas comprirent donc que pour beaucoup d'Occidentaux le *vajrayana* ou, en tout cas, l'engagement de faire des pratiques quotidiennes ne pouvait convenir. Actuellement, le nombre des initiations est limité, et celles qui sont encore données se réduisent souvent à une bénédiction et n'exigent plus d'engagement systématique. Néanmoins, pour les adeptes occidentaux avertis, qui ont une solide relation avec un lama dans un centre qu'ils ont la possibilité de fréquenter assidûment, le *vajrayana* garde toute sa valeur.

Personnellement, je pratique le *vajrayana* depuis dix ans. Mais je ne m'en suis pas toujours réjouie. J'ai connu des perturbations psychologiques dans les premières années, et comme le lama qui m'avait initiée était reparti en Inde, je ne pouvais lui demander conseil à tout moment. Mon maître, au centre, m'a apporté son aide pendant un certain temps puis il est tombé malade et n'a pu continuer. D'autres personnes – des maîtres occidentaux et des pratiquants rencontrés au centre – m'ont offert, à l'occasion, de me guider et de me soutenir. En définitive, je peux affirmer que je suis heureuse de suivre une pratique quotidienne, bien que j'aie parfois eu du mal à m'y tenir. Je ne suis encore qu'une débutante, mais j'observe néanmoins que ma pratique m'est bénéfique.

À gauche : ***un adepte tantrique utilisant les objets rituels traditionnels que sont la cloche et le tambour.***

Les louanges que l'on adresse aux déités courroucées mentionnent toujours que ces déités ne sont pas des émanations du corps de la Vérité ou de l'amour. Si le disciple tantrique qui n'a pas réuni les conditions préalables au développement d'une grande compassion entreprend de s'adresser à une déité irritée, il s'expose au danger au lieu de recevoir de l'aide… Il est extrêmement important si l'on veut pratiquer le bouddhisme tantrique, de réunir toutes les conditions préalables et toutes les capacités qu'il requiert.

LE QUATORZIÈME DALAÏ-LAMA

12

Le bouddhisme tibétain en Occident

L'essence des enseignements bouddhistes ne change pas ; elle est valable partout. En revanche, les aspects superficiels du bouddhisme – certains rituels et cérémonies – ne sont pas nécessairement adaptables à un environnement nouveau et devront changer en fonction du lieu. De quelle façon changeront-ils ? Nous l'ignorons. Cela se fera avec le temps.

LE QUATORZIÈME DALAÏ-LAMA

Parmi les hippies et les autres voyageurs qui partirent pour l'Orient dans les années soixante, certains allaient irrévocablement changer avant de retourner chez eux, une dizaine d'années plus tard. Dans l'ensemble, l'exotisme fut en partie la raison de leur intérêt pour ces cultures étrangères. Mais l'attrait suscité par des religions qui font partie intégrante de la vie quotidienne joua aussi un rôle incontestable.

Il y a des personnes qui ont une préférence pour une certaine nourriture ; d'autres trouvent qu'il y a mieux. De même, certains estiment qu'une religion est particulièrement bénéfique, pendant que d'autres préfèrent une religion différente. Le monde étant ce qu'il est, la diversité des enseignements religieux qui existe dans la société humaine est aussi utile qu'inévitable et, parmi les Occidentaux, il est inconstestable qu'un certain nombre de personnes estiment que le bouddhisme correspond à leurs attentes.

LE QUATORZIÈME DALAÏ-LAMA

La voie terrestre de ces migrations des années soixante-dix passait par la Turquie, l'Iran, le Pakistan, l'Afghanistan, et avait souvent pour ultime destination l'Inde où

Page de gauche : le dalaï-lama répondant à l'accueil de disciples, au Centre tibétain. Lam Rim, pays de Galles, 1996.

À gauche : quelques-uns des premiers bouddhistes occidentaux à s'être installés en Inde. Dharamsala, 1970.

hindous, musulmans, catholiques et jaïns formaient une société multiculturelle qui semblait sortie d'un conte des *Mille et Une Nuits*. Quand les grosses chaleurs du début de l'été incitaient les Occidentaux à se réfugier en altitude, certains prenaient le chemin de Dharamsala où ils rencontraient le bouddhisme tibétain. Pour la plupart, ce n'était qu'un spectacle exotique de plus dont ils profitaient puis qu'ils délaissaient avec la même facilité, généralement quand la mousson mettait fin à l'atmosphère idyllique de leur séjour. Cependant, pour d'autres, ce fut la révélation d'un mode de vie qui transforma à jamais leur existence.

Certains allèrent au Népal, en se cantonnant généralement à Katmandou et à sa vallée, où une autre communauté tibétaine s'était mêlée aux Népalais dont la religion avait subi les influences bouddhistes du Tibet voisin. Ceux qui résistèrent à la tentation des drogues multiples que leur offrait Katmandou trouvèrent aussi le bouddhisme tibétain à leur goût. Ainsi apparut une autre communauté d'Occidentaux, immergés dans les traditions et le bouddhisme tibétains.

Jeune femme occidentale devant le temple de Durga (hindou), à Dharamsala.

Bien entendu, la première rencontre entre cultures occidentale et bouddhiste ne date pas des années soixante. Au cours des siècles, quelques explorateurs et érudits passionnés avaient déjà suivi les mêmes chemins – certes de façon plus discrète – et avaient, à leur retour, fait le récit détaillé de leurs expériences et de leur recherche. Mais ces ouvrages étaient souvent réservés aux librairies ésotériques et à un public restreint. En revanche, dans les années soixante, les traditions et le bouddhisme tibétains, en même temps que l'hindouisme et l'islam, influencèrent l'alternative culturelle promue par la jeunesse et frappèrent souvent les imaginations.

Les jeunes voyageurs – pour la plupart idéalistes – qui résidèrent à Dharamsala découvrirent chez les Tibétains un peuple qui partageait certaines de leurs convictions, quoique dans un contexte culturel différent. Ils avaient en commun un désir de paix et d'amour, et le souvenir vivace des manifestations contre la guerre du Viêt-nam suscitait chez les Occidentaux une réelle empathie pour ce peuple en exil, en même temps qu'un grand respect envers des gens qui prônaient la non-violence pour résoudre leurs problèmes. Les deux communautés partageaient également l'idée d'une transformation de la conscience, quoique en ayant recours à des moyens différents. Bien des hippies avaient consommé des drogues hallucinogènes, et l'usage de la marijuana était répandu. Ils savaient donc déjà que la perception de la réalité peut varier. Nombreux furent ceux qui abandonnèrent les drogues pour la méditation qui se présentait comme un moyen plus lent, mais plus sûr, de poursuivre leurs expériences, en leur permettant une recherche toute intérieure qui se passait de l'absorption d'une subtance ou d'une autre.

De la fin des années soixante à la fin de la décennie suivante, on vit grandir une communauté occidentale parmi les Tibétains de McLeod Ganj, dans les villages environnants et même dans des cabanes perdues à flanc de colline. Elle put bénéficier de cours de méditation et de philosophie tantristes conçus spécialement pour elle – il en fut de même à Katmandou – et qui, après quelques « ratés », fonctionnèrent parfaitement. Certains membres de cette communauté recherchèrent les enseignements de grands lamas qui, vivant simplement, et encore accessibles à l'époque, se firent un plaisir de satisfaire leurs demandes. Il y eut quelques ordinations, tandis que l'on rencontrait de plus en plus d'Occidentaux vêtus de costumes tibétains.

LE RETOUR AU PAYS

> *Quand le bouddhisme, venant de l'Inde, arriva au Tibet, personne n'eut le droit de dire : « Maintenant que le bouddhisme est dans un nouveau pays, il doit être pratiqué d'une autre manière. » Jamais une décision de ce genre ne fut prise. Une évolution se fit lentement et, avec le temps, se créa une tradition spécifique. Ce sera peut-être la même chose en Occident. Un bouddhisme associé à la culture occidentale apparaîtra peut-être peu à peu. De toute façon, à cette génération – votre génération – qui est en train d'implanter en Occident cette religion venue d'ailleurs revient l'immense responsabilité de sauvegarder l'essence des enseignements qu'elle adapte à son propre environnement.*
>
> LE QUATORZIÈME DALAÏ-LAMA

Vivre en Asie est une expérience aussi éprouvante pour le corps que rafraîchissante pour l'esprit lorsque l'on est habitué à un mode de vie occidental. Presque tous ceux qui y ont séjourné ont souffert de diverses affections, allant des troubles digestifs à l'hépatite virale parfois mortelle.

Occidental vêtu d'une robe de cérémonie pour participer à un puja du feu. Monastère de Drepung, sud de l'Inde.

Cette situation finit évidemment par peser sur certains Occidentaux installés en Inde et au Népal et par renforcer leur désir naturel de revenir au pays plutôt que de se contenter d'une brève visite tous les deux ou trois ans, après parfois une décennie d'absence. En même temps, ils restaient attachés à cette nouvelle vie, cette nouvelle culture qu'ils avaient choisies pour des raisons toujours valables et qui les incitaient à vouloir demeurer en Asie. Leurs sentiments étaient donc mitigés…

Pendant ce temps, le gouvernement indien, attentif à la présence de ces résidents étrangers, décida au début des années quatre-vingt de prendre en main sa politique touristique. Il valait mieux recevoir des touristes fortunés, qui dépenseraient de l'argent pendant quinze jours puis rentreraient chez eux, plutôt que des gens qui voyageaient avec un petit budget ou qui s'installaient en profitant de l'économie du pays au lieu de lui injecter des devises. Par ailleurs, si la plupart des étrangers installés à Dharamsala étaient des gens responsables, une minorité se composait d'héroïnomanes que le gouvernement indien en avait assez de rapatrier comme tous ceux qui n'avaient plus un sou en poche.

Incinération de lama Yeshe à laquelle assistèrent ses disciples occidentaux, Institut vajrayana.

En 1984, pour la première fois, des visas furent exigés pour les voyageurs britanniques en Inde, tandis que le gouvernement entreprenait des opérations de « nettoyage » dans toutes les zones où vivaient des Occidentaux. Dharamsala ne fit pas exception à la règle et, en 1985, la plupart des étrangers qui vivaient dans le village depuis dix ans furent renvoyés en Europe et aux États-Unis. Mais, bien qu'exigé par l'Inde, ce retour au pays correspondait à un processus naturel, renforcé par le désir de faire partager à l'Occident les leçons de sagesse du bouddhisme tibétain.

L'ENSEIGNEMENT DU BOUDDHISME TIBÉTAIN EN OCCIDENT

Depuis une vingtaine d'années on assiste à ce phénomène intéressant qu'est la rapidité avec laquelle se répand l'intérêt des nations occidentales pour le bouddhisme... Je suis toujours heureux lorsqu'une personne qui a adopté la pratique du bouddhisme la trouve bénéfique. Cependant, quand il est question de changer de religion, j'ai l'habitude de conseiller une longue réflexion préalable. Adopter précipitamment une nouvelle religion peut provoquer des conflits mentaux et c'est presque toujours, de toute façon, une entreprise difficile.

LE QUATORZIÈME DALAÏ-LAMA

Parmi les premiers Occidentaux qui avaient rencontré le bouddhisme tibétain en Asie, un certain nombre avaient choisi de ne vivre qu'un an ou deux en Orient, ou même de n'y séjourner que quelques mois par an. Quelques-uns avaient déjà entrepris d'ouvrir des centres d'enseignement du Dharma dans leur pays et fait venir des lamas tibétains afin de placer ces centres sous leur autorité spirituelle. Sans avoir jamais séjourné en Inde ou au Népal et sans connaître la culture tibétaine, mais se sentant profondément attirées par les enseignements du bouddhisme tibétain, de nombreuses personnes affluèrent vers ces établissements.

On vit alors surgir des malentendus d'ordre culturel qui allaient de problèmes de traduction des textes tibétains à des déceptions ressenties aussi bien par les maîtres tibétains que par leurs disciples. Si, dans l'ensemble, il n'y eut pas d'effets négatifs majeurs, les difficultés de certains eurent des répercussions sur l'état d'esprit des groupes. Il devint évident que l'introduction du bouddhisme tibétain en Occident ne pouvait se faire sans modifications, au moins pour une certaine catégorie de disciples. Ainsi s'imposèrent les premiers maîtres occidentaux du bouddhisme tibétain. Ce furent évidemment les adeptes les plus érudits, ayant étudié pendant des années, qui jouèrent ce rôle utile et authentique. Certains sortaient à peine de leur immersion dans la culture tibétaine en Inde, mais il ne fut jamais question – ni pour eux ni dans l'esprit des disciples – qu'ils supplantent les lamas tibétains. Leur présence fut néanmoins particulièrement utile lorsqu'il s'agissait de comprendre les problèmes psychologiques qui se posaient aux disciples occidentaux, souvent très jeunes, et qui avaient pu échapper aux maîtres tibétains.

Si le bouddhisme tibétain a d'emblée attiré des personnes sincèrement intéressées par le contenu de ses enseignements et soucieuses d'y trouver le moyen de satisfaire leurs aspirations, il a également drainé des éléments psychologiquement perturbés et des marginaux de toutes sortes. Ces personnes pensaient pouvoir régler leurs problèmes en entrant dans un monde différent et paisible, mais ils méconnaissaient totalement la réalité du bouddhisme tibétain. Cette situation engendra des désillusions personnelles, et parfois provoqua des conflits dans les centres. Les lamas occidentaux, ces ex-

Namkhai Norbu avec un groupe de disciples occidentaux visitant le Tibet.

disciples érudits devenus des maîtres, se trouvèrent donc confrontés à certains problèmes délicats alors qu'ils enseignaient les bases du bouddhisme tibétain et les techniques de méditation. Il devint clair que le chemin spirituel qui se propose de conduire à l'éveil, bien que parfaitement structuré, ne pouvait être emprunté par tout le monde. Certains avaient besoin d'expérimenter des techniques et des méthodes différentes avant de s'engager sur un tel chemin. Ce fut à partir de cette réflexion que les différentes formes de psychothérapie commencèrent à jouer un rôle.

Des disciples s'intéressaient déjà à la psychothérapie qui peut être, en soi, un cheminement spirituel, et avaient entrepris diverses thérapies : psychothérapie transpersonnelle, psychosynthèse, *gestalt*, psychothérapie de soutien, etc. Au fil des années, l'association entre enseignements bouddhistes et psychothérapie s'est révélée très utile pour soutenir les disciples qui présentaient des problèmes psychologiques, ainsi que pour mettre au point les cours dispensés dans les centres et préparer les périodes de retraite.

LE BOUDDHISME TIBÉTAIN ET LES AUTRES TRADITIONS BOUDDHISTES

Le bouddhisme comprend différentes écoles, différents systèmes de pratique, et l'on ne doit pas se dire qu'un enseignement est meilleur, qu'un autre est pire, et ainsi de suite. Une attitude sectaire qui amène à critiquer d'autres enseignements ou d'autres sectes est une chose très mauvaise, un poison qui doit être évité.

LE QUATORZIÈME DALAÏ-LAMA

À droite : **lama Zopa Rimpoché** *avec des disciples occidentaux, en voyage au Tibet.*

Parmi les disciples occidentaux du bouddhisme tibétain qui exploraient les ressources de la psychothérapie occidentale, certains avaient pratiqué le *vipassana*, l'une des traditions religieuses de la Birmanie, du Sri Lanka et de la Thaïlande, ainsi que le zen, tel qu'il est pratiqué en Corée et au Japon. Constatant que ces différentes pratiques pouvaient être harmonieusement réunies, ils entreprirent, aux États-Unis et en Europe, de les incorporer dans certains cours. Cette synthèse est au cœur d'une nouvelle école qui, s'inspirant également de la philosophie occidentale, a été fondée en 1967 par Sangharakshita et s'appelle Les Amis de l'ordre bouddhiste occidental.

Les pratiques qui y sont proposées sont aussi variées que les catégories de personnes qu'elles peuvent concerner. À côté de ceux qui optent fermement pour la pratique d'une tradition unique, certaines personnes estiment que la synthèse de plusieurs traditions différentes permet le développement d'une forme occidentale du bouddhisme qui trouve sa cohérence en retenant des éléments venant d'horizons variés, mais tous aussi utiles les uns que les autres. Ces différentes écoles du bouddhisme coexistent généralement dans un esprit de tolérance et recherchent volontiers les occasions de discuter et de faire leurs pratiques en commun, tout en préservant la pureté de leur tradition et de leur approche. Avec ses quatre

grandes écoles, le bouddhisme tibétain prospère dans ce contexte multiple où il se trouve englobé. De nombreux centres suivent uniquement des pratiques tantriques, tandis qu'ailleurs, cours et retraites se réfèrent au bouddhisme tibétain, au *vipassana* et à la psychothérapie. À part quelques exceptions, l'esprit de tolérance du bouddhisme se manifeste partout, et le bouddhisme tibétain enrichit aujourd'hui la vie de bien des Occidentaux.

LA SITUATION ACTUELLE DU BOUDDHISME TIBÉTAIN EN OCCIDENT

> *Rien n'est plus important que de mettre en pratique sa religion dans la vie quotidienne ; c'est le seul moyen de découvrir peu à peu sa vraie valeur... Je souhaite que vous vous engagiez dans votre pratique avec un cœur généreux et qu'ainsi vous contribuiez à faire le bien dans la société occidentale. C'est là ma prière et mon vœu.*
>
> LE QUATORZIÈME DALAÏ-LAMA

L'esprit du bouddhisme tibétain ne cesse de se répandre en Occident. On ne peut essayer de chiffrer son développement en comptant le nombre de ses centres sans aboutir à une estimation aussitôt dépassée. Il suffit de remarquer qu'il existe aujourd'hui, plus d'un millier de centres, de par le monde. Il est peut-être plus intéressant de retracer l'évolution de deux centres, dont la création fut le fruit spontané de l'enthousiasme de lamas tibétains et de leurs disciples.

Le centre Jamyang – de tradition *geluk* –, situé à Londres, commença par s'appeler Manjushri, parce qu'il était associé au centre Manjushri, dans le Cumberland, en Angleterre. Quand ce dernier devint le siège de la nouvelle tradition *kadampa*, le centre londonien dut se démarquer et prit le nom de Jamyang Meditation Center. À l'origine, il ne disposait pas de locaux particuliers, et ses réunions – qui débutèrent

À droite :
des moines et une moniale occidentaux priant au centre tibétain de Samye Ling, en Écosse.

en 1979 – avaient lieu soit à l'ancienne ambassade cambodgienne, soit dans une salle de la Société bouddhiste.

L'idée de la création de ce centre naquit de la fréquence des enseignements que lama Yeshe, Geshe Kelsang et lama Zopa venaient donner à Londres. Finalement, en 1982, une maison, située aux abords de Finsbury Park, dans le nord de Londres, fut achetée pour devenir le premier centre officiel du bouddhisme *geluk* et le lieu de résidence du lama Geshe Wangchen – ou Geshela, comme on l'appela familièrement – dont les enseignements attirèrent tant de personnes que le *gompa* – le sanctuaire – devint bientôt trop exigu pour accueillir tout le monde.

De temps à autre, un grand lama venait donner enseignements et initiations. À la fin des années quatre-vingt, Geshe Wangchen tomba gravement malade, dut s'absenter pendant de longues périodes, puis finit par regagner l'Inde pour raison de santé. Un moine américain, John Feuille, prenait la relève pendant les absences de Geshe Wangchen ainsi que des lamas tibétains de passage et d'autres moines ou religieuses occidentaux. Mais, après le départ de Geshe Wangchen, un nouveau lama – Geshe Tashi – vint résider au centre et fut assisté par John et par d'autres adeptes.

En ce début des années quatre-vingt-dix, devant l'afflux grandissant des personnes qui venaient assister aux enseignements, la nécessité de chercher des locaux plus spacieux s'imposa. Suivant le conseil de lama Zopa – qui continuait à maintenir son autorité spirituelle sur le centre –, les disciples réussirent à réunir les fonds nécessaires pour acheter d'autres locaux – en l'occurrence, ceux d'un ancien tribunal du sud de Londres. Il fallut remettre les lieux en état, en reconstruisant et rénovant pendant près de deux ans. L'effort physique, immense, fut mené bénévolement.

Aujourd'hui, Jamyang est un centre bien dirigé, qui offre un programme de cours réguliers, allant de la méditation de base à une philosophie bouddhiste plus élaborée. On y retrouve des visages familiers ; on y découvre beaucoup de personnes nouvelles qui viennent assister aux enseignements une fois ou deux par semaine et participer aux grandes fêtes tibétaines que le centre célèbre.

1986 vit la fondation de Jewel Heart (« Le Cœur du joyau ») à Ann Arbor, Michigan, un centre qui organise depuis cette date conférences, préparations à la méditation et pratiques, enseignements du bouddhisme tibétain, retraites pour diverses pratiques et cours. Kyabje Gelek Rimpoché, qui en est le responsable, apparenté à la famille du treizième dalaï-lama, a étudié au monastère de Drepung sous la direction des deux précepteurs du quatorzième dalaï-lama, et a fui le Tibet en 1959. Après plusieurs années passées en Inde, il est allé s'installer aux États-Unis.

Kyabje Gelek Rimpoché parle anglais et a su s'habituer, avec une facilité étonnante, à la culture populaire occidentale. Il est ainsi dans une position idéale pour enseigner aux Occidentaux. Son principal objectif est de rendre accessibles et pratiques, pour les disciples d'aujourd'hui, les enseignements traditionnels. Il a récemment obtenu la nationalité américaine et illustre ses cours d'exemples pris dans la culture et la politique de son pays d'adoption.

Le centre offre un programme structuré qui est également celui des centres ou des groupes qui lui sont associés dans d'autres villes. Ce programme comprend des enseignements hebdomadaires et mensuels et deux retraites d'une semaine chaque année, lesquelles réunissent des disciples venus de tous les États-Unis, mais également des Pays-Bas, de Malaisie et de Singapour. Ces retraites, méditatives, sont aussi l'occasion d'apprendre l'art du *thangka* et de suivre des conférences données par des lamas de passage ou par Kyabje Gelek Rimpoché lui-même. À l'époque où il était membre du conseil d'administration du centre, Allen Ginsberg y lisait ses poèmes.

À l'extrême droite : **tableau de Peter Iseli représentant Chenrézi.**

Ci-dessous : **lama Zopa à la pagode de la Paix, à Londres**

En avril 1994, les administrateurs et les habitués du Jewel Heart eurent la joie d'organiser une visite du dalaï-lama à Ann Arbor. L'université du Michigan accueillit la conférence de Sa Sainteté, un festival culturel tibétain, dont une exposition d'artisanat et d'objets rituels, et un récital de piano donné par le célèbre compositeur Philip Glass, l'un des administrateurs du centre.

Les États-Unis n'offrent pas moins de quatre cents centres, du plus petit – comptant quelques membres et affiliés à un monastère ou dépendant d'un maître particulier – au plus grand – qui peut être à l'occasion un lieu de retraite. Certains maîtres, nantis d'une longue expérience, comme Geshe Michael Roach et la Vénérable Thubten Chodron (nom de religion de Cherry Green), sont soucieux d'établir aux États-Unis dans toute leur pureté les traditions du bouddhisme tibétain. Il y a quatre ans, Geshe Michael ne comptait qu'une poignée de disciples dans ses cours, alors qu'aujourd'hui ils sont plus de soixante. Une telle progression de l'intérêt pour le bouddhisme tibétain se retrouve dans de nombreux pays, et de nouveaux centres fleurissent un peu partout.

Si chaque centre a son histoire et son atmosphère, qui dépendent du pays où il a été créé et de l'école tibétaine dont il reprend les enseignements, partout l'on retrouve la même évolution, de la réunion, chez l'un ou l'autre, de petits groupes informels mais enthousiastes, à l'organisation de tout un centre dans des locaux réservés à cet usage. Confrontés à des difficultés matérielles apparemment insurmontables, les centres finissent souvent par trouver le ou les donateurs qui permettent de réaliser le rêve de disposer d'un sanctuaire nouveau ou de locaux plus spacieux. Beaucoup de choses se réalisent grâce aux disciples qui aident bénévolement au fonctionnement des centres et y consacrent leur temps libre, afin que les précieux enseignements du bouddhisme tibétain soient accessibles à tous ceux qui s'y intéressent.

Inséparable des enseignements bouddhistes, l'esprit de don se reflète également dans diverses activités entreprises par ces disciples qui apportent de la nourriture aux sans-abri dans la plupart des grandes villes ou envoient des vêtements aux communautés les plus démunies installées en Inde. Parfois, c'est toute une organisation spécifique qui se charge de ce genre de choses, comme Rokpa, qui fonctionne à un niveau international. De telles actions révèlent – peut-être mieux que le nombre des centres – l'intégration du bouddhisme dans une société occidentale où il rejoint parfaitement le traditionnel esprit de don des chrétiens.

Ce qu'il adviendra du bouddhisme tibétain dans son pays d'origine, dans les communautés en exil et en Occident, personne ne le sait. En ce qui concerne son implantation occidentale, on peut remarquer qu'elle n'est pas une réussite systématique.

> *J'ai rencontré des Occidentaux qui, au début, avaient été enthousiasmés par leurs pratiques bouddhiques, puis qui, après quelques années, les avaient abandonnées et n'en conservaient aucune trace. Cela parce qu'au début ils entretenaient des espérances démesurées.*
>
> LE QUATORZIÈME DALAÏ-LAMA

Le bouddhisme tibétain est néanmoins bien ancré en Occident, même s'il ne doit jamais être au cœur de la société, en dépit du nombre croissant de centres qui lui sont consacrés et de personnes qui se déclarent ses adeptes. Les enseignements du Bouddha – le Dharma – sont avant tout destinés à soulager les souffrances de l'existence, et seuls les résultats obtenus peuvent dire si le bouddhisme est aussi vivant à l'Ouest qu'à l'Est.

> *La pratique du Dharma n'a de sens que si le pratiquant se transforme de façon significative. Tant qu'il ne change pas, le Dharma ne peut être pour lui qu'une consolation, une diversion, une fascination ou une obsession... La personne est indissociable de la pratique.*
>
> STEPHEN BATCHELOR

La compassion : notre responsabilité universelle

Le dalaï-lama insiste fréquemment sur l'importance pour chacun du sens de la responsabilité universelle, que ce soit dans un contexte religieux ou non. L'alliance de la compassion – réaction spontanée à l'insatisfaction et à la souffrance – et du sens de la responsabilité universelle est un bon moyen de trouver la paix de l'esprit. Les citations suivantes sont extraites de diverses conférences données par le dalaï-lama ces dernières années.

Lorsque l'on voit l'humanité confrontée à certains problèmes, qu'en général elle se crée elle-même, et qu'on veut l'aider à les résoudre, je crois qu'il faut d'abord avoir une compréhension de ces problèmes, fondée sur des sentiments humains fondamentaux. Maintenant, si vous observez attentivement la nature de l'homme, de la naissance à la mort, vous constatez que l'affection et la compassion sont les sentiments les plus importants pour l'être humain. Sans eux, l'humanité ne saurait survivre. Par conséquent, je ne cesse de penser qu'il est crucial de posséder le sens de la responsabilité universelle, inspirée par la compassion, l'amour et le pardon.

La compassion ne se limite pas à la pitié ou à la sympathie. Elle exprime, à mon avis, un réel souci des autres. Vous comprendrez donc que la compassion développe et accroisse le sens de notre responsabilité. Je pense aussi qu'il est très important de comprendre qu'amour et compassion ne sont pas seulement affaire de religion. Certes, la religion est une très bonne chose, mais quelquefois je me dis que, telle la morale, elle est un luxe. Sans religion, nous pouvons quand même nous débrouiller et survivre, alors que c'est impossible sans la compassion et l'amour.

Chacun, quels que soient sa culture, sa foi ou son environnement social, a naturellement le sentiment de son « moi ». Avec le sentiment de ce « moi » vient le désir de trouver le bonheur et de vaincre la souffrance. C'est un désir aussi vieux que le monde. Il n'a cessé de déterminer le développement de l'humanité et son histoire. Quelles que puissent être les avancées matérielles ou technologiques, c'est quelque chose qui ne changera jamais.

Vous devez d'abord comprendre cela à partir de votre expérience personnelle. Si quelqu'un vous adresse un sourire affectueux, vous êtes heureux. Si on vous regarde en fronçant les sourcils, vous vous sentez mal à l'aise. Sachant que les autres sont aussi des êtres humains et qu'ils ont besoin comme vous d'amour et de compassion, alors vous comprenez qu'il faut de l'amour, de la compassion, de la sincérité, et savoir être ouvert pour se faire de vrais amis.

Aujourd'hui, avec le développement de la science et de la technologie, nous disposons d'un pouvoir de destruction immense qui représente un réel danger. Étant donné cette situation, il est important de comprendre que l'humanité ne fait qu'une, qu'elle doit être considérée comme un seul et unique être humain, et qu'il faut voir dans l'amour et la bonté une sorte de religion universelle. Vous pouvez être non-croyant, mais vous ne pouvez pas vous passer d'affection.

J'ai rencontré un vieux scientifique, spécialiste du cerveau, qui m'a dit que la paix mentale est essentielle pour une femme qui porte un enfant. Et aussi que le simple contact physique entre le mère et son bébé favorise plus que tout le développement normal du cerveau de l'enfant. Cela prouve bien que l'humanité a vraiment besoin d'affection. Parfois, on peut hésiter entre une vue à court terme ou une vue à long terme, mais, pour la sauvegarde de notre planète, il est très important d'opter pour le long terme. On ne peut pas

Ci-dessus, à gauche : une nonne chrétienne assistant à un enseignement du dalaï-lama. Dharamsala, 1997.

Ci-dessus, à droite : moniale étudiant au monastère de Ganden Choeling.

Ci-contre : enfants d'un village tibétain, près de Lhassa.

À l'extrême gauche : un moine distribuant des cordelettes bénites à une audience publique du dalaï-lama.

attribuer la crise globale qui est la nôtre à quelques politiciens seulement. C'est toute l'humanité, chaque être humain, qui a sa part de responsabilité. Par conséquent, nous avons besoin d'avoir le sens de notre responsabilité universelle.

Donc, frères et sœurs, si vous êtes d'accord avec quelques-unes de ces idées, essayez de les mettre en pratique et expliquez-les aux autres. Mais si vous estimez qu'elles ne sont pas très utiles à l'humanité, alors oubliez-les, sans problème.

Il me semble que les jeunes expriment plus facilement leurs sentiments. Ils le font avec plus d'honnêteté. Quand on vieillit, on est plus circonspect parce que les choses n'ont plus la même clarté pour nous. De ce point de vue, les jeunes – la nouvelle génération – représentent une force déterminante. Je trouve vraiment très encourageant que tant de jeunes essaient d'imposer l'idée d'une société non violente et pleine de compassion.

Ci-contre : jeune mère tibétaine avec son enfant.

J'espère qu'au siècle prochain on dialoguera au lieu de tuer. Le XXe siècle a peut-être été le plus sanglant de l'histoire de l'humanité. Nous avons voulu régler nos problèmes par la violence et la guerre et nous avons échoué. Il serait beaucoup plus bénéfique d'utiliser l'argent dépensé en armement à des fins plus constructives et pacifiques.

Le dialogue est quelque chose de très constructif, et on commence à s'en apercevoir. Les désaccords et les conflits existeront toujours parce qu'ils s'attachent à l'être humain. Notre planète serait plus sûre s'il n'y avait pas d'êtres humains. Mais nous sommes déjà là, et personne ne veut mourir ! Néanmoins, l'homme est aussi très capable de faire le bien, et si l'on associe intelligence et bonté, l'altruisme peut se développer. Ce n'est pas le cas chez les autres animaux. Cette vertu n'appartient qu'à l'homme. Il faut la reconnaître comme une chose positive et s'en servir.

La compassion, source de l'action non-violente, nous procure force intérieure et paix de l'esprit. Elle nous vaut aussi plus de sourires, d'amitié et d'harmonie. La compassion est donc quelque chose de très précieux. Elle ouvre nos portes intérieures et nous permet ainsi de communiquer avec les autres êtres humains plus facilement, et même avec les animaux. Elle favorise de cette façon l'amitié véritable, réduit nos sentiments d'insécurité et de peur, et développe la confiance en soi, laquelle procure plus de force intérieure et de paix.

En même temps elle éloigne la haine, la colère et la jalousie. Ce sont des sentiments qui perturbent la paix de l'esprit et qui, si nous les retenons en nous, ferment automatiquement nos portes intérieures, nous empêchent de communiquer librement avec les autres, et, en altérant notre calme intérieur, menacent notre santé. On a l'habitude de croire que la colère nous protège et nous procure un surplus d'énergie, mais c'est une erreur. Il suffit d'un peu d'attention pour s'apercevoir que la colère ne nous apporte qu'une énergie aveugle. Il vaut donc mieux savoir que ces émotions engendrent de la souffrance. Cela nous aide à les repousser.

En haut à gauche : écoliers tibétains, les mains jointes en signe d'accueil et de respect. L'un d'eux tient une photo du dalaï-lama.

Ci-dessus : vieilles femmes tibétaines faisant tourner des moulins à prières. Mundgod, sud de l'Inde.

À gauche : Tibétaines à Dharamsala, tenant des mala, de l'encens et des kata, attendant de voir le dalaï-lama.

GLOSSAIRE DES TERMES BOUDDHIQUES

Bodhicitta : l'esprit altruiste qui aspire à l'illumination afin d'aider tous les êtres à trouver le bonheur.

Bodhisattva : celui dont le cheminement vers l'illumination a engendré la *boddhicitta*.

Bouddha : être illuminé, le premier des Trois Joyaux.

Bouddha Sakyamouni : le Bouddha historique, Siddhartha Gautama.

Chakra : littéralement *cercle* ; centre corporel énergétique ou psychique.

Compassion : désir de libérer tous les êtres de la douleur.

Déité : représentation symbolique du Bouddha, avec une apparence paisible ou courroucée.

Dharma : a plusieurs significations, mais, ici, désigne la parole du Bouddha, ses enseignements et le second des Trois Joyaux.

Geluk : l'une des quatre principales écoles du bouddhisme tibétain.

Geshe : titre honorifique, habituellement attribué à un moine, de la tradition des *gelukpa*, qui a suivi tout un cursus théologique, fait une retraite et obtenu le diplôme qui l'autorise à enseigner le bouddhisme tibétain.

Gourou : maître spirituel.

Hinayana : littéralement le petit véhicule, mais cette signification peut prêter à confusion. C'est la voie des bouddhistes qui cherchent leur propre illumination et non celle de tous les êtres. Mais c'est également le fondement du *mahayana*.

Karma : ensemble des actions du corps, de la parole et de l'esprit. Bonnes ou mauvaises, elles sont le produit de l'illusion – l'absence d'éveil – et conditionnent la qualité de notre future renaissance. Mais, en opérant sur plusieurs vies et en ne mûrissant que dans des circonstances appropriées, le *karma* ne se résume pas à une simple loi de cause à effet.

Kagyu : l'une des quatre principales écoles du bouddhisme tibétain.

Lama : maître spirituel, ou gourou, qui n'est pas nécessairement un *geshe*.

Mahayana : littéralement le grand véhicule. C'est la voie des bouddhistes qui cherchent à atteindre l'illumination pour le bien de tous les êtres.

Mantra : syllabes sacrées, généralement répétées de nombreuses fois pendant une pratique spirituelle.

Méditation : il y en a deux sortes dans le bouddhisme tibétain : la méditation analytique et la méditation qui se concentre sur un objet unique. Les deux représentent un entraînement de l'esprit destiné à transformer la conscience afin d'atteindre l'illumination.

Mo : pratique divinatoire qui consiste à jeter des dés en s'accompagnant de prières.

Nectar : offrande divine au (x) Bouddha (s), généralement visualisée ou symbolisée par du thé ou de l'alcool au cours d'une cérémonie. On dit qu'un être illuminé – un bouddha – peut transformer des substances impures en nectar.

Nyingma : l'une des quatre écoles principales du bouddhisme tibétain.

Oracle : médium permettant à un esprit protecteur de se manifester lorsque, portant un costume et une coiffe de cérémonie, il est entré en transe.

Pratique d'une déité : forme de pratique tantrique, faisant appel à la méditation, à la récitation de *mantra*, à la visualisation, et qui s'adresse à une déité particulière, qui devient un *yidam* – ou déité personnelle – pour le disciple qui a été initié à la pratique.

Protecteur : déité courroucée qui protège une personne ou un pays contre la malveillance.

Réincarnation : le niveau le plus subtil de la conscience qui, avec le karma résultant des incarnations précédentes, passe d'une vie à une autre.

Rimpoché : littéralement *le précieux*. Désigne respectueusement un grand lama réincarné que l'on appelle, lorsqu'il est jeune, un *toulkou*.

Sadhana : écriture sacrée qui donne les détails d'une pratique tantrique et concerne les visualisations et la récitation des *mantra*, des prières et des louanges.

Samsara : littéralement le cercle de l'existence, c'est-à-dire la succession de vies, de morts et de renaissances qu'une personne traverse avant d'atteindre l'illumination et le nirvana.

Sangha : communauté monastique : le troisième des Trois Joyaux. On considère parfois qu'elle englobe aussi nos amis spirituels.

Sunyata : littéralement, le *vide* ou *vacuité*. C'est la philosophie selon laquelle rien n'a d'existence en soi. Toute chose dépend de ses composantes et de son environnement.

Stupa : monument religieux, d'une forme et d'un style particuliers, mais de toutes tailles, symbolisant les qualités intérieures du Bouddha.

Soutra : enseignement du Bouddha, écrit ou transmis oralement.

Tantra ou tantrayana : ou *vajrayana*. Littéralement, *continuité*. Se rapporte, en général, à un ensemble de pratiques de déités qui visent à donner au disciple le corps, la parole et l'esprit du Bouddha.

Trois Joyaux : Le Bouddha, le Dharma et la Sangha, en lesquels l'adepte trouve l'appui dont il a besoin ou « se réfugie » afin de pouvoir atteindre l'illumination.

Toulkou : voir *rimpoché*.

Vajrayana : voir *tantra*.

Vérité conventionnelle : ou vérité relative. Vision de ceux qui n'ont pas encore atteint l'illumination et sont incapables de percevoir la vérité fondamentale.

Vérité fondamentale : la réalité de l'existence des choses, c'est-à-dire leur non-existence en soi, étant donné qu'elles dépendent de leurs constituants et de leur environnement.

BIBLIOGRAPHIE

AVEDON (John F.), *Loin du pays des Neiges,* Calmann-Levy, 1985.

BATCHELOR (Stephen), *Tibet : à la découverte du toit du monde,* Olizane, 1988.

GYATSO (Tenzin, quatorzième dalaï-lama), *Une politique de la bonté,* Claire Lumière, 1993.

–, *Au loin la liberté,* Fayard, 1990.

–, *Clarté de l'esprit, lumière du cœur,* Calmann-Lévy, 1995.

–, *Samsâra, La vie la mort, la renaissance,* (avec la collaboration de Frédérique Hatier), Le Pré aux Clercs, 1996.

SNELLING (John), *L'Essentiel du bouddhisme,* Calmann-Lévy, 1997.

CRÉDITS PHOTOGRAPHIQUES

Robert Beer (illustrations) : 27, 61.

Camera Press : 28–29.

Avec l'aimable autorisation du département d'Information et des Relations internationales, Dharamsala, Inde : 24, 30b, 69, 71hd, 71bd, 79, 80, 81, 91, 114–15cb.

Centre Culturel Dewachen, S. Africa/Guy Lieberman : 103.

Christopher Gibb : 155bd, avec l'aimable autorisation de Christopher Gibb 39, 68 ; ILN Picture Library 42, 43 ; Centre Bouddhiste Lam Rim/Simon Ferguson 142 ; Rajiv Mehrotra 64, avec l'aimable autorisation de Roger Mouland 20 ; Office du Tibet, Londres 95, 98 ; Hugh Richardson 18, 72 ; Royal Geographical Society/E. H. Wilson 23 ; Centre tibétain Samye Ling 150 ; Marsh Agency/Heinrich Harrer 90, collection du Meridian Trust 113, 125.

Avec l'aimable autorisation de Rigpa : 82, 109c, 112h, 120, 122, 123, 124 ; Paul Dacre 137d ; Raphaele Demandre 88–89, 109bd ; Michael Kern 63 ; Guy Lieberman 103 ; Jonathan Treasure 62 ; Cliff Venner 112b.

Tibet Images : 28, 31, 32, 35, 41, 44, 55bg, 76, 83 ; Diego Alonso 10–11hd, 72–73 ; Art Society, Amsterdam 32–33, 77, 118 ; Diane Barker 3, 6, 53hg, 53bd, 54–55, 56–57, 57cg, 86–87, 107, 114–15bg, 117bd, 155hg, 155hg, 155hd ; Robin Bath 10–11bg, 15hd, 48, 49, 108–9h, 109hd, 126, 127, 133, 137g, 141, 146, 148–49, 152 ; Brian Beresford 57hg, 61 (fond), 64–65, 67, 74, 75, 85, 88, 93, 94, 96–97, 99, 101, 102, 105bd, 116, 130, 132, 136, 143, 147 ; collection de Brian Beresford 21, 60 ; Markus Bollen 20–21, 39 ; Michael Shaw Bond 22 ; Jerry Callow 8, 9, 114–115bd ; Ian Cumming 2, 5, 66–67, 114–15hg, 128, 129, 140 ; Tenzin Dorje 156–57hd ; Mike Ford 17, 26, 74–75 ; Irene Greve 44–45 ; Greta Jensen 46b, 47hg, 50–51, 92 ; Maurice Joseph 25 ; Norma Joseph 104–105 ; Gavin Kilty 55hg, 57hd, 57bd ; Irene Kristalis 34 ; Mani Lama 10–11bc, 108–9b, 114–15cg ; Chris Langridge 86 ; Sarah Lock 138–39, 156–57 ; B. Luther 108, 131 ; Edwin Maynard 51 ; John Miles 14 ; Catherine Platt 10–11hg, 15bd ; Francesco Prevosti 135 ; Ron Schwarz 30h ; Jirina Simajchlova 10–11bd, 46hg, 105hd, 111, 114–15c, 156 ; Eitan Simanor 110 ; Vladimir Sis & Jan Vanis 19 ; Irene Slegt 7 ; Sean Mayne Smith 70 ; Vanessa Smith 52, 55hd, 78–79, 156, 157hg ; Sean Sprague 37, 40, 42–43, 46hd, 46–47, 47hd, 47bd, 117hd ; Merilyn Thorold 55bd, 55cd ; Mike Tibbetts 84 ; David Tomory 144, 145 ; Don Weedon 134 ; Kim Yeshi 58, 58–59, 106, 120–21.

(h = haut, c = centre, b = bas ; hg = en haut à gauche, cg = au centre à gauche, bg = en bas à gauche ; hd = en haut à droite, cd = au centre à droite, bd = en bas à droite)

INDEX